S字フックで空中収納

かける・吊るす便利ワザ100

ホームライフ取材班［編］

青春新書
PLAYBOOKS

今すぐ使いたくなる！

S字フックが万能の理由

引っかける場所さえあれば、どこででも使えるS字フック。アイデア次第でいく通りもの使い方があります。プチプラで簡単に手に入るうえ、形や大きさはさまざま。身の回りの雑貨を吊るしてみましょう。

A. バッグ類やアクセサリーもインテリアの一部に変身！ B. 置きっぱなしにしがちなメガネを整列させる C. 姿見にグリーンを吊るして部屋に潤いを D. 置くと場所をとるものも、吊るすと気にならない

理由①

スッキリ収納できて部屋のアクセントになる

壁のワンポイントに
B

省スペース
D

花瓶いらず
C

理由②

リビングでも
水周りでも
ベランダでだって
使える

E. キッチン小物を吊り下げ。油でS字フックが汚れても洗えばOK F. リビングのイスがバッグ置き場に G. 雨にぬれても大丈夫だから、ベランダガーデニングで活躍 H. バスルームで使って、ボトル底のぬめりを防止

理由③

吊るすものによって種類が選べる

I. 帽子やバッグ、ベルトなど、吊るすものによって、形や大きさの使い分けができる J. 紙や布も、クリップ付きフックで簡単に吊るすことが可能

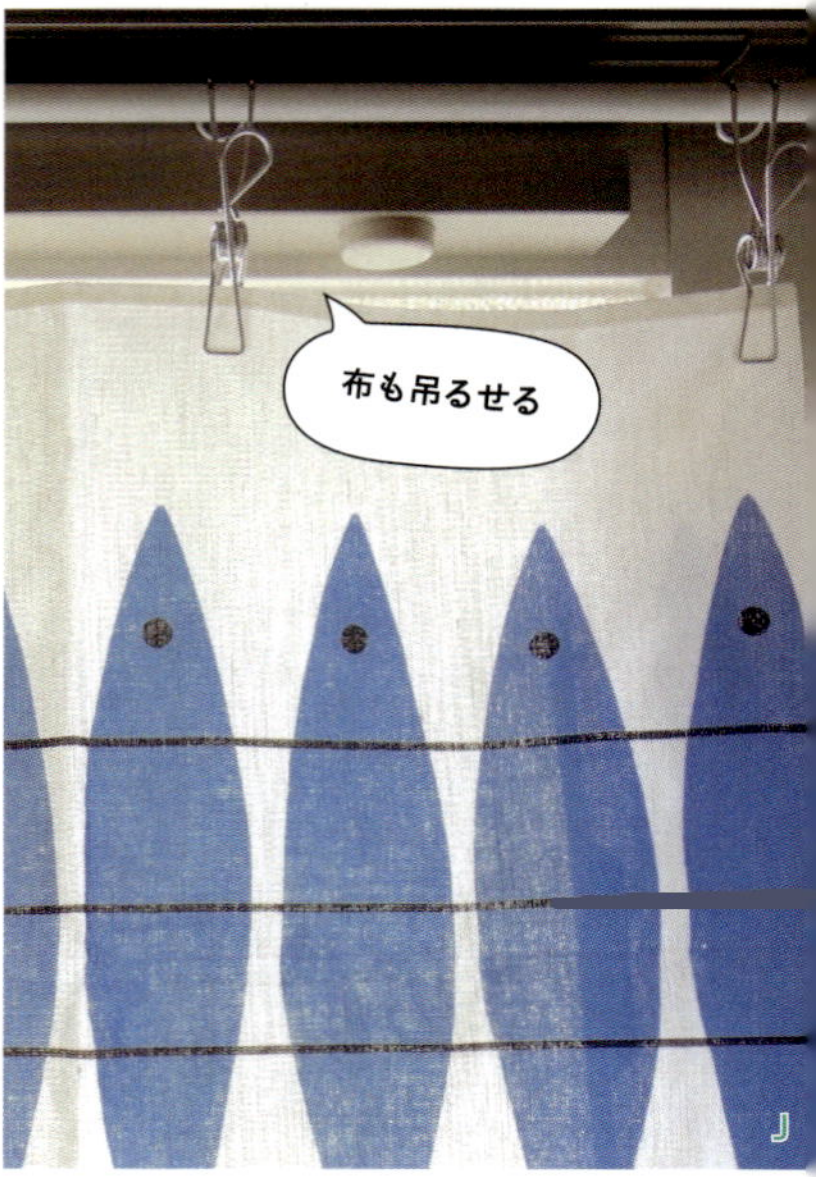

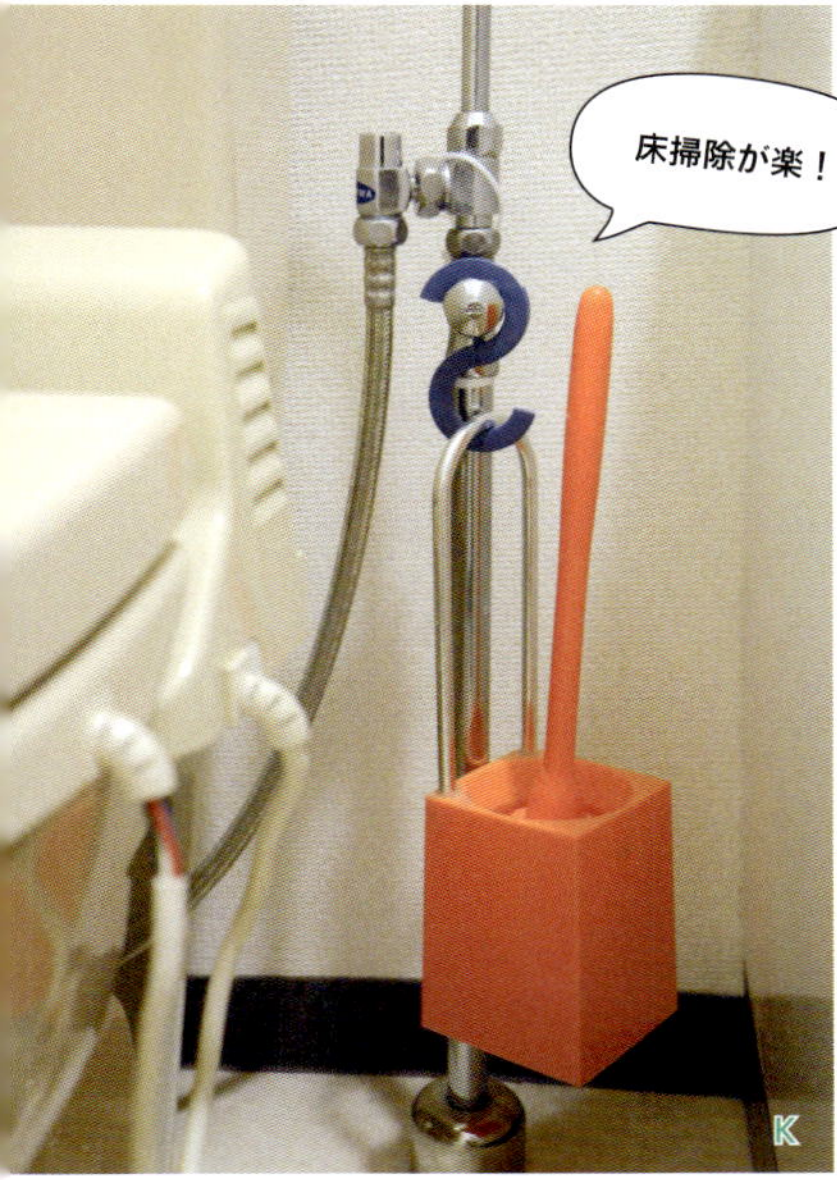

理由④

動作が少なくなり家事が楽になる

K. 掃除の時に邪魔になるものも、浮かせれば移動させる手間なし
L. 掃除用具を見える場所に置くと、汚れが気になった時にすぐ手に取れるうえ、収納扉を開ける動作が不要

形、素材、大きさ、色……
さまざまなタイプが勢ぞろい！

S字フック大集合

※サイズは縦の長さです　※サイズや耐荷重は目安です
※2018年12月現在の情報です。時期や店舗によって取扱商品は異なります
※価格は全て税込み表記（8％）です。表記のないものは全て108円です
※写真は実寸の20％に縮小しています。ただし、★の商品の縮小率は異なります

基本形
プラスチック

プラスチック製のS字フックは、カラフルでポップな印象。水にぬれてもさびず、比較的大きなサイズまでそろう。

キャンドゥ

プラスチックSフック
（L3個入り・M4個入り）

16cm
耐荷重6kg

10.8cm
耐荷重4kg

ダイソー

フリーハンガー
（大3個入り・中4個入り）

16cm
耐荷重 7kg

12cm
耐荷重 5kg

ダイソー

強度2倍 割れにくい！ S型フック
（7個入り）

8cm ／耐荷重 3kg

基本形
スチール

スチールの製品は先端にゴムなどのキャップが付いていることが多く、すべり止めの役割を果たしている。色は黒と白が多め。

Seria

スチール S かけフック
(中 3 個入り・小 4 個入り)

16.5cm
耐荷重 5kg

10.3cm
耐荷重 5kg

Seria

スチール S かけフック リンクル
(4 個入り)

10.9cm
耐荷重 5kg

ダイソー

スチール エスフック
(中 3 個入り・ミニ 4 個入り)

15cm
耐荷重 5kg

6.5cm
耐荷重 5kg

キャンドゥ

S タイプスチールハンガー
(LL2 個入り・M4 個入り)

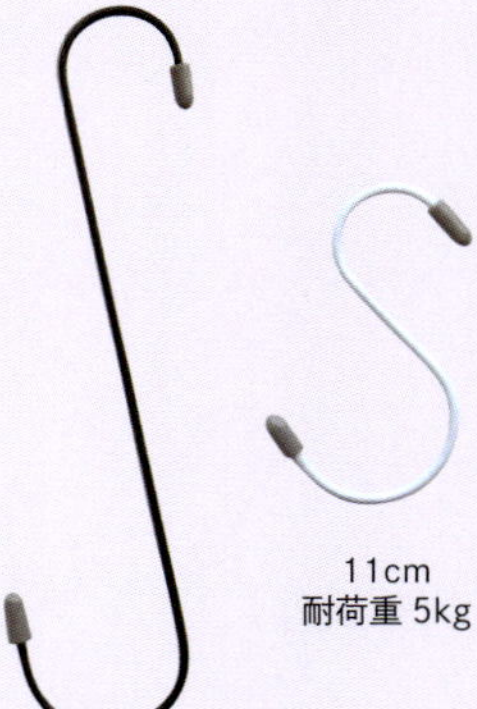

11cm
耐荷重 5kg

25cm
耐荷重 5kg

基本形
ステンレス

シンプルなデザインなので、インテリアの邪魔をせず使える。さびにくいのも特長。比較的小さいサイズのものが多い。

Seria

ステンレス プチフック
（A タイプ 3 個入り・E タイプ 4 個入り）

8.7cm
耐荷重 1kg

5.3cm
耐荷重 1kg

キャンドゥ

ステンレス S フック
（M2 個入り）

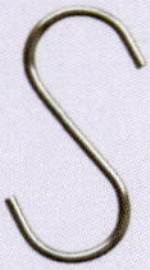
8.9cm
耐荷重 4kg

ダイソー

ステンレス S 字フック
（小 4 個入り・ミニ 5 個入り）

5.5cm
耐荷重 5kg

3.5cm
耐荷重 5kg

イケア

クングスフォルス
（5 個入り）

6cm
耐荷重 4kg
199 円

ワールドアトラス

横ブレしにくい S 字フック
（1 個入り）

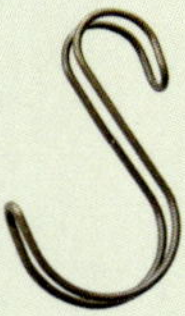
10cm
耐荷重 2kg

派生形
ブレにくい

二重になっているため、幅があるのが特徴。それにより横方向にブレにくく、安定性がある。

基本形
その他の素材

王道のプラスチック・スチール・ステンレス以外にも、軽いアルミやかためのアイアン（鉄）などさまざまな素材がある。

Seria

エスエスハンガーLL
（1 個入り）

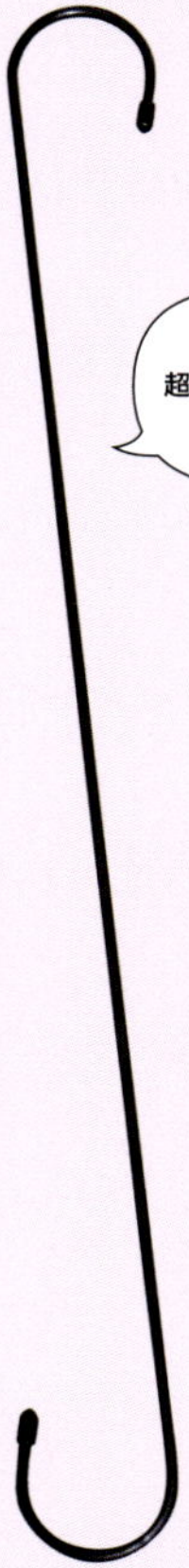

超ロング！

56cm
耐荷重 10kg（編集部調べ）

無印良品

アルミS字フック
（中 2 個入り・小 3 個入り）

8.5cm
耐荷重 10kg
150 円

5.5cm
耐荷重 10kg
150 円

本体が軽いわりに重いものも吊るせる

ダイソー

アイアンS字フック
（10 個入り）

おしゃれなインテリアに

3.5cm
耐荷重 1kg

無印良品

ステンレス 横ブレしにくいS字フック
（大 2 個入り・小 2 個入り）

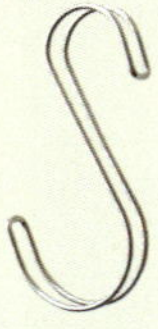

14cm ★〈実寸の 15％大〉
耐荷重 8kg
650 円

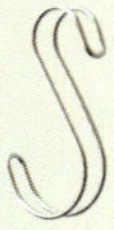

9.5cm ★〈実寸の 15％大〉
耐荷重 5kg
350 円

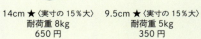

派生形
片側が変形

片側が極端に大きくなっていたり、先端が自由に曲げられる素材になっていたり。基本形から少し進化したS字フック。

ワールドアトラス

変形S字フック
（中4個入り）

かける部分にフィットしやすい

5.3cm
耐荷重 1kg

Seria

ステンレスブロンズミニフック
（4個入り）

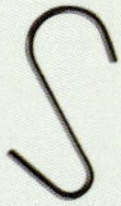

片側のカーブが浅いのでものを吊るしやすい

6.7cm
耐荷重 1kg

Seria

スチールSかけフック ワイド
（1個入り）

片側が大きいので太いものも吊るせる

19.5cm
耐荷重 5kg

東急ハンズ

ファッションフック S型 5-85G
（1個入り）

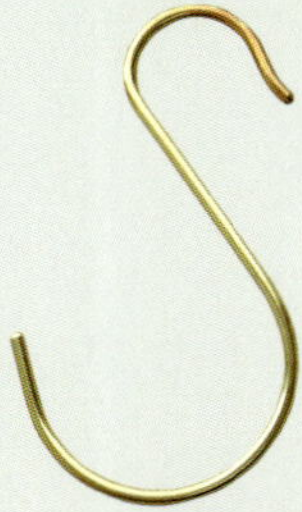

16.9cm
耐荷重 5kg
349円

ダイソー

クロムメッキS字フック
（12個入り）

3.5cm
耐荷重 5kg

Seria

ステンレス プチフック
（Dタイプ3個入り）

8.5cm
耐荷重 1kg

KONCENT

tidy S Hook
（各カラー 3 個入り）

外れにくい！

6.5cm
耐荷重 800g
540 円

無印良品

ステンレス ひっかける ワイヤークリップ
（4 個入り）

紙も挟める
クリップ付き

9.5cm
耐荷重 0.5kg
390 円

派生形
ねじれ

上下で90度のねじれがあるタイプ。100円ショップよりも、東急ハンズなどのホームセンターで豊富に取り扱っていることが多い。

IP システム

キッチン S 字フック 小クロス型
（3 個入り）

向きを変えて
吊るしたい時に

7cm
耐荷重 8kg

東急ハンズ

八幡ねじ ステン ロング S カン ヒネリ
（1 個入り）

20cm
耐荷重 10kg
259 円

東急ハンズ

モリギン MA-11 アンティーク クロス S カン M
（1 個入り）

8cm
耐荷重 3kg
194 円

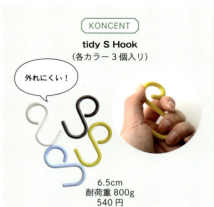

派生形
可動式

上下で別々の向きに回転できたり、コンパクトに折りたためるタイプ。ねじれタイプがなくても、回転タイプで代用できる。

ダイソー

クルクルフック
（ミニタイプ 2 個入り）

14cm
耐荷重 1kg

キャンドゥ

くるくるフック
（2 個入り）

13.2cm
耐荷重 2kg

ダイソー

スチール回転フック
（2 個入り）

向きを変えてかけられる

15cm
耐荷重 2kg

無印良品

トラベル S 字フック
（1 個入り）

たたむと円形になる

9cm
耐荷重 2kg
390 円

折りたためる

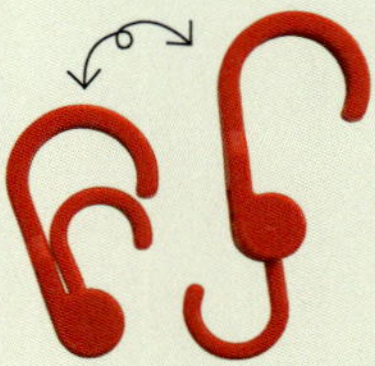

スルガ

フリーフック
（2 個入り）

12cm
耐荷重 3kg

派生形
ドアかけ用

ドアの上部にかけられるように、片側もしくは両側が角ばった形をしているタイプ。耐荷重はあまり重くない場合が多い。

だいゆう

ドアフック
（1 個入り）

8cm
耐荷重 3kg

無印良品

ステンレス
扉につけるフック
（1 個入り）

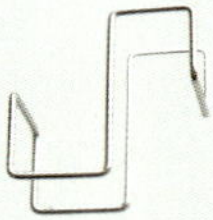

6cm
耐荷重 1kg
190 円

ダイソー

引っかけ ドアフック
（1 個入り）

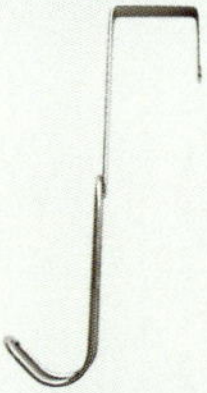

17.5cm ★〈実寸の 15％大〉
耐荷重 2kg

変わり種

フックがいくつも付いていたり、フックの間がチェーンになっているなど、特殊な形状をしたS字フックもある。

ダイソー

くるっ！とロングフック
（1 個入り）

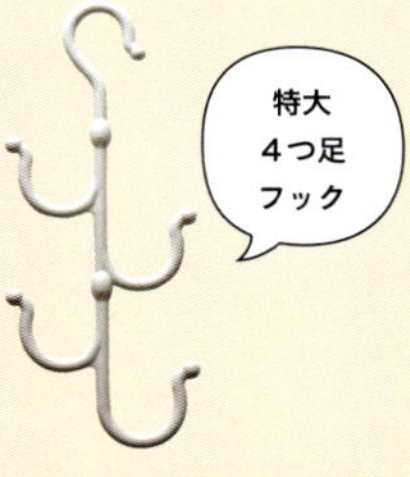
特大
4つ足
フック

38cm ★〈実寸の 8％大〉
耐荷重 5kg

Seria

チェーンフック ロング
（1 個入り）

50cm ★〈実寸の 15％大〉

東急ハンズ

水本 ステンレス
S カンフック SF-4
（1 個入り）

留め具が
あるので
外れにくい

4.4cm
耐荷重 15kg
518 円

S字フックで空中収納
かける・吊るす便利ワザ100

目次

〈編集協力・撮影〉戸田恭子／やまだともこ／友田末那子
兼子梨花／山田久瑠実／谷地百合江／風来堂
〈イラスト〉宇田川一美
〈本文デザイン〉小林敦子

アイコンについて

本書では、紹介しているアイデアに合わせ、
使いやすいS字フックを種類別に記載しています。
自宅で活用する際の参考にしてみてください。

基本形

ベーシック
オーソドックスな形状。長さ6〜15cmくらい

ミニサイズ
ベーシックより短め。長さ3〜6cmくらい

セミロング
ベーシックより長め。長さ15〜20cmくらい

ロング
セミロングよりさらに長い。20cm以上

基本形

すべりにくい
先端にゴムなどのキャップがありすべりにくい

派生形

ブレにくい
二重になっていて横方向にブレにくい

ねじれ
上下で90度のねじれあり。長さ6〜20cmくらい

ロングねじれ
長さ20cm以上で、上下に90度のねじれあり

派生形

片側が大きい
片側のカーブが極端に大きくなっているもの

片側
カーブ浅め
片側のフックのカーブが浅く取り外ししやすい

クリップ付き
片側がクリップになっていて紙などを挟める

ドアかけ用
片側もしくは両側が角型。ドアや扉にかけられる

本書の案内人

かけるくん

小学2年生。ゲームが大好き。最近お母さんのお手伝いをよくするようになった。

お母さん

かけるくんのお母さん。料理が趣味で、キッチン周りの収納にはこだわりあり。

お父さん

かけるくんのお父さん。お風呂に入ることと、休日に家族でキャンプに行くのが楽しみ。

PART 1

キッチン

バナナ
▶P.26

ふりかけなどの袋もの
▶P.25

ロール状のグッズ
▶P.23

小鍋やフライパン
▶P.22

壁に調理器具
▶P.24

シンク下に調理器具
▶P.32

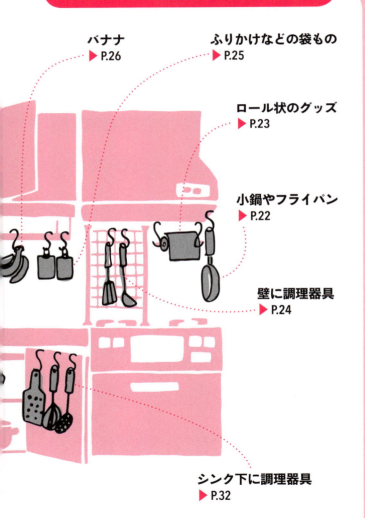

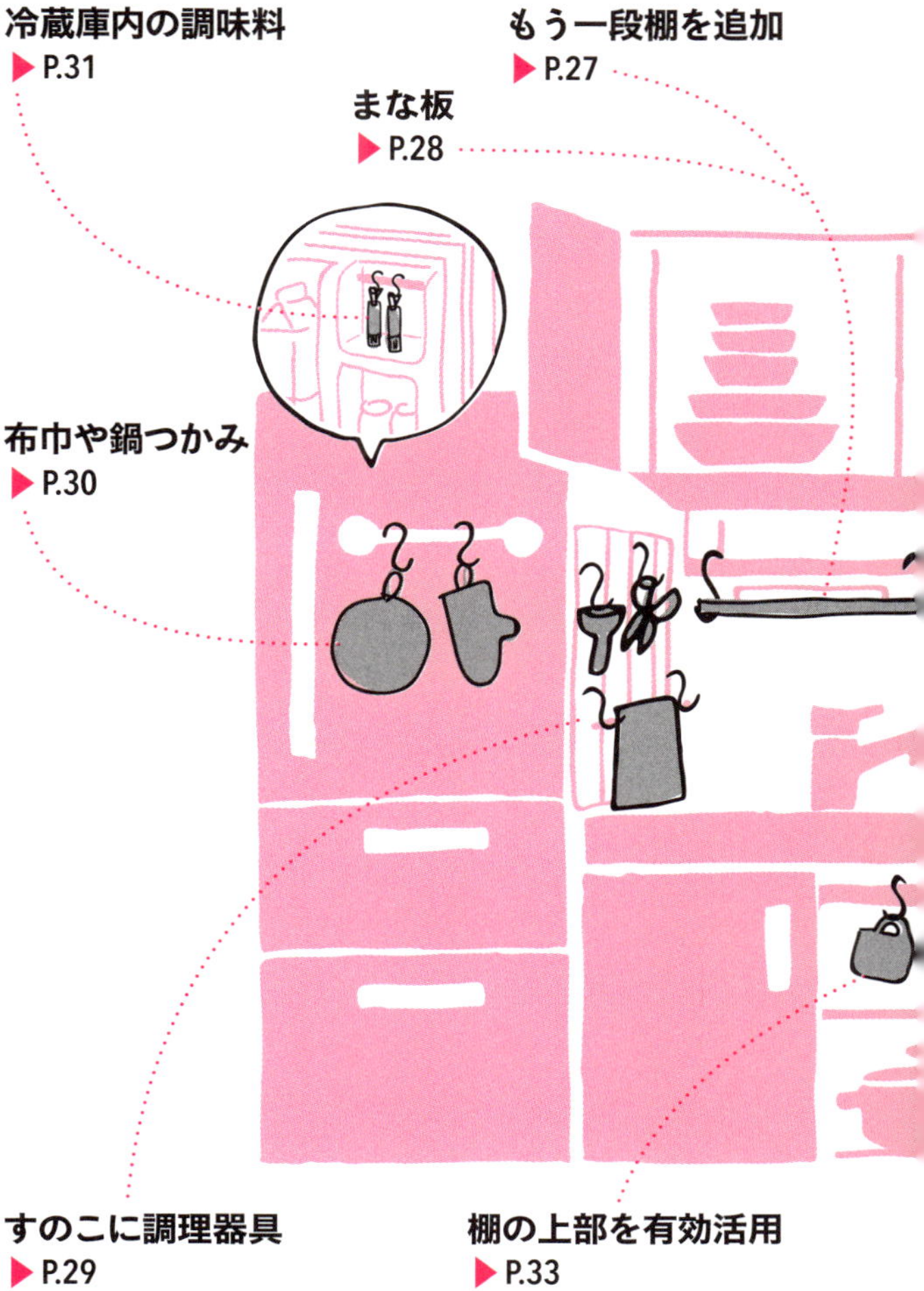
冷蔵庫内の調味料
▶ P.31
もう一段棚を追加
▶ P.27
まな板
▶ P.28
布巾や鍋つかみ
▶ P.30
すのこに調理器具
▶ P.29
棚の上部を有効活用
▶ P.33

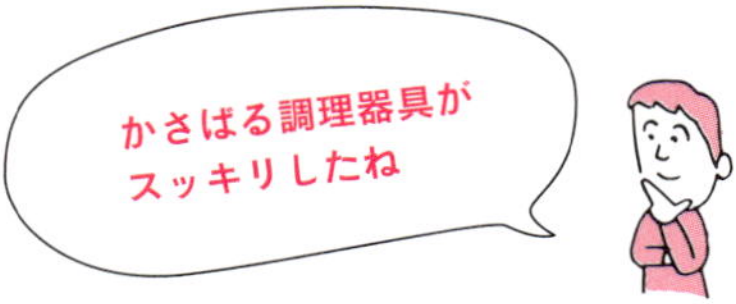

レンジフードのへりに小鍋やフライパンを吊るす

レンジフードの内側にS字フックを引っかけて、小鍋やフライパンなどを吊るします。ガス台の上に吊るすので、使いたい時すぐ手に取れて便利。S字フックの先端には**マスキングテープを巻きつけ**、すべりにくい工夫をしています。

これを使おう

ベーシック

すべりにくい

写真：おはらともこ

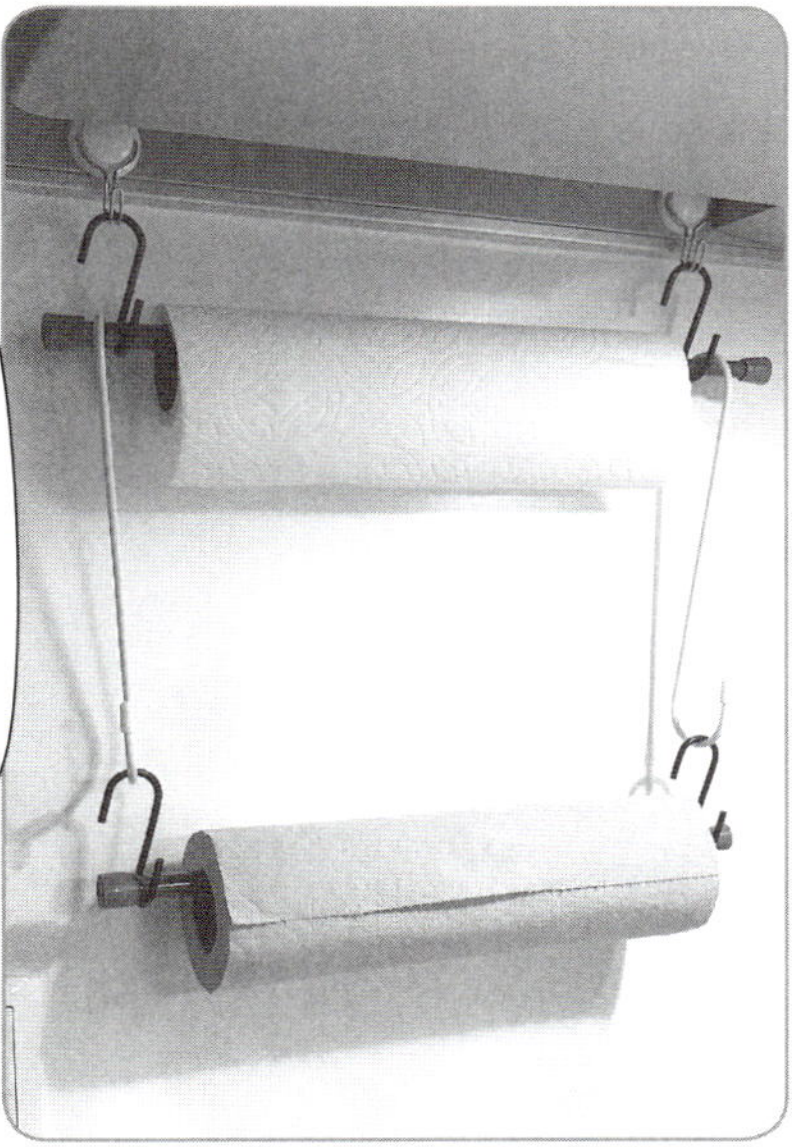

ロール状のグッズを使いやすい場所に設置

キッチンペーパーはガス台まわりにあると使い勝手がよくなります。まず、つっぱり棒にキッチンペーパーやクッキングシートなどを通します。そしてレンジフードにくっつけたマグネットフックに、**ねじれS字フックを引っかけてつっぱり棒を設置。**S字フックとつっぱり棒を組み合わせて2段にもできます。

これを使おう

ねじれ

ロング

写真：riku_yu_mama（RoomClip／Room No.1160753）

ワイヤーネットに調理器具を整列させる

キッチンの壁面を収納スペースに変える方法です。**つっぱり棒を縦に2本固定し、結束バンドでワイヤーネットを取り付けます。**ここにS字フックを引っかけたり、箸立てを結束バンドで固定したりすれば、立派な収納ラックのできあがり。引き出しをパンパンにしていた小物類が、サッと取り出せます。

これを使おう

ベーシック S

ミニサイズ s

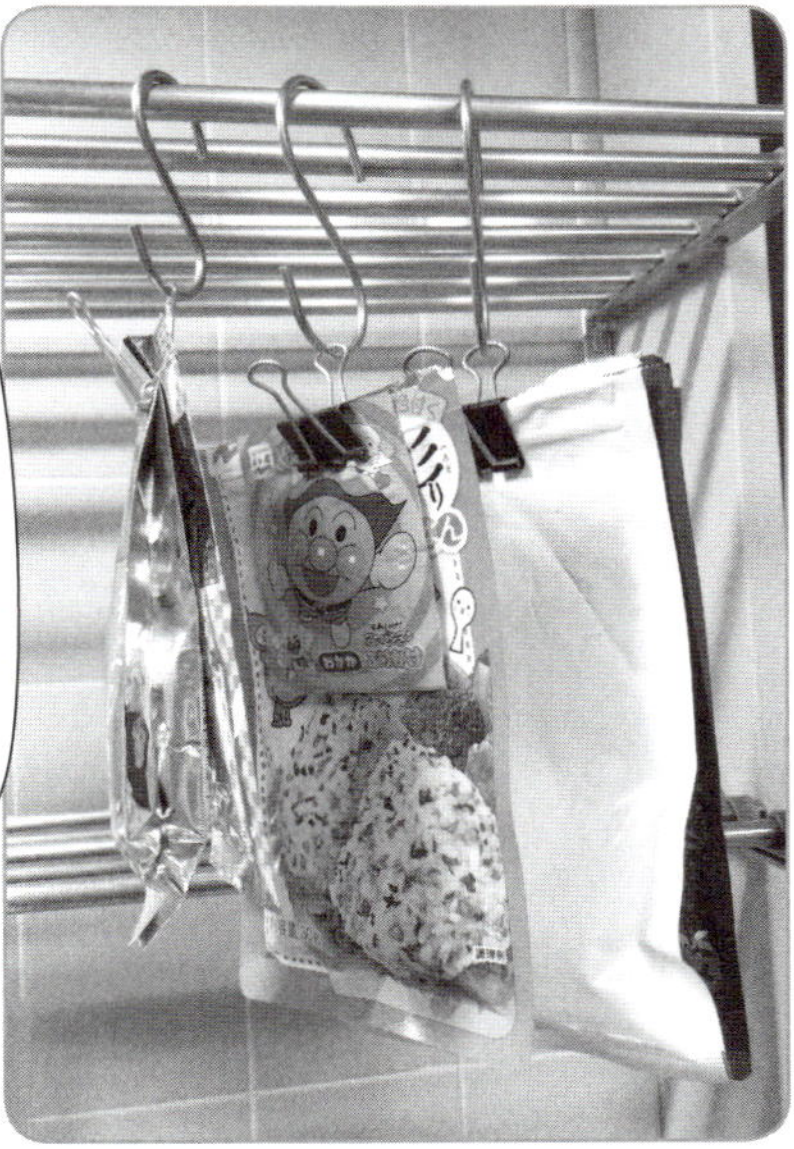

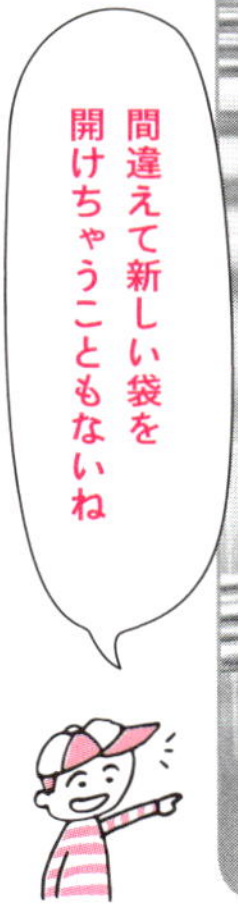
間違えて新しい袋を
開けちゃうこともないね

ふりかけなどの袋ものは水切り棚に吊り下げる

シンク上の水切り棚に、**S字フックとダブルクリップを組み合わせて細かいものを吊るします。**小袋に入ったふりかけや茶葉は、どこかに置きっぱなしにして見失いがち。定位置を決めればなくなることはなく、常に視界に入るので賞味期限切れも防げます。

これを使おう

ベーシック
S

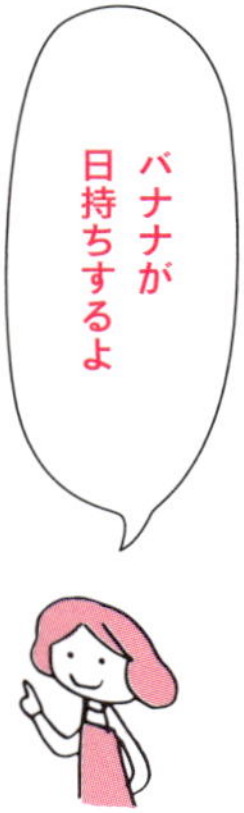

バナナスタンドはS字フックで代用可能

バナナは棚などに置いておくと、傷みやすくなるので、吊るして日持ちさせます。でも広くないキッチンでは、専用のバナナスタンドを置くと邪魔になってしまいます。そこで**シンク上の水切り棚にS字フックをかけ、バナナを吊るします。**長期間になるとバナナが熟れて落下する危険もあるので注意。

これを使おう

ベーシック
S

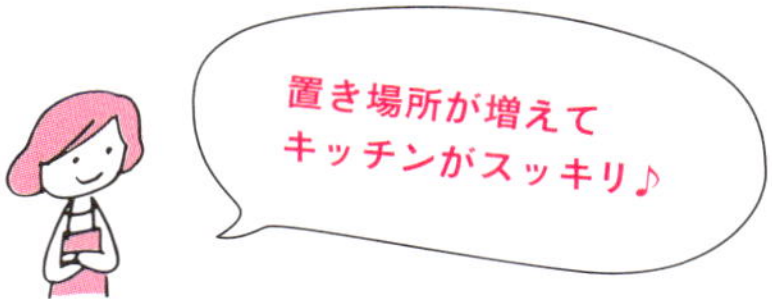
置き場所が増えて
キッチンがスッキリ♪

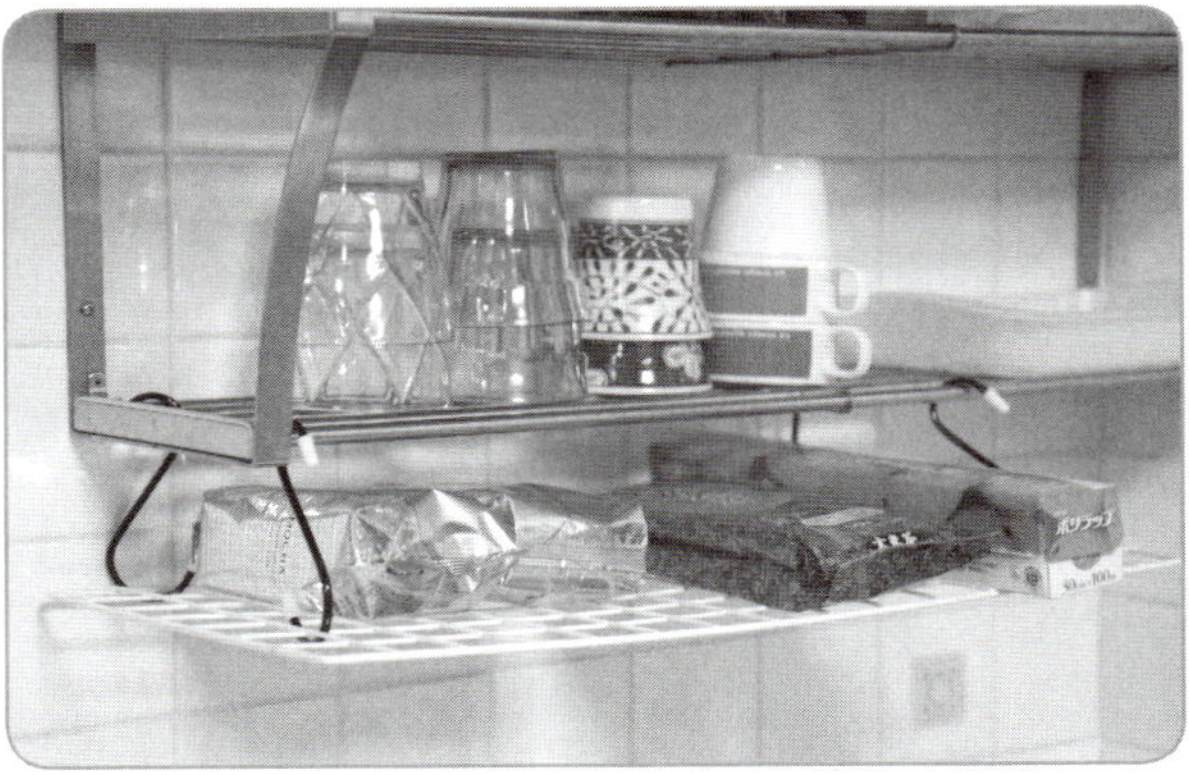
ポリラップ

もう一段棚を追加して ラップやパスタ置き場に

ワンルームなど、収納スペースに限りがあるキッチンでは、「あと一段棚があったら便利なのに！」と思うことがあります。そんな時は**S字フック4つとワイヤーネットを組み合わせて棚を作成。**ラップやアルミホイルのほか、パスタやそうめんなどの麺類を収納するのにぴったりです。

これを使おう

ベーシック

S

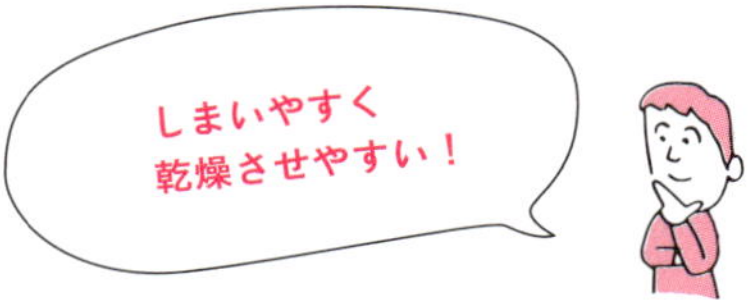

まな板置き場を自作してプチストレスを解消

自立型のまな板置きは、倒れてきたり、下にぬめりが発生することがあるのが難点。シンク上の水切り棚に**S字フックを4つ吊るし、そこにつっぱり棒を2本平行に設置**すると、まな板置き場として使用できます。これなら風通しがよくなるので、水洗い後もすぐに乾燥させられます。

これを使おう

ベーシック S

ブレにくい S

写真：mottyan（RoomClip／Room No.362699）

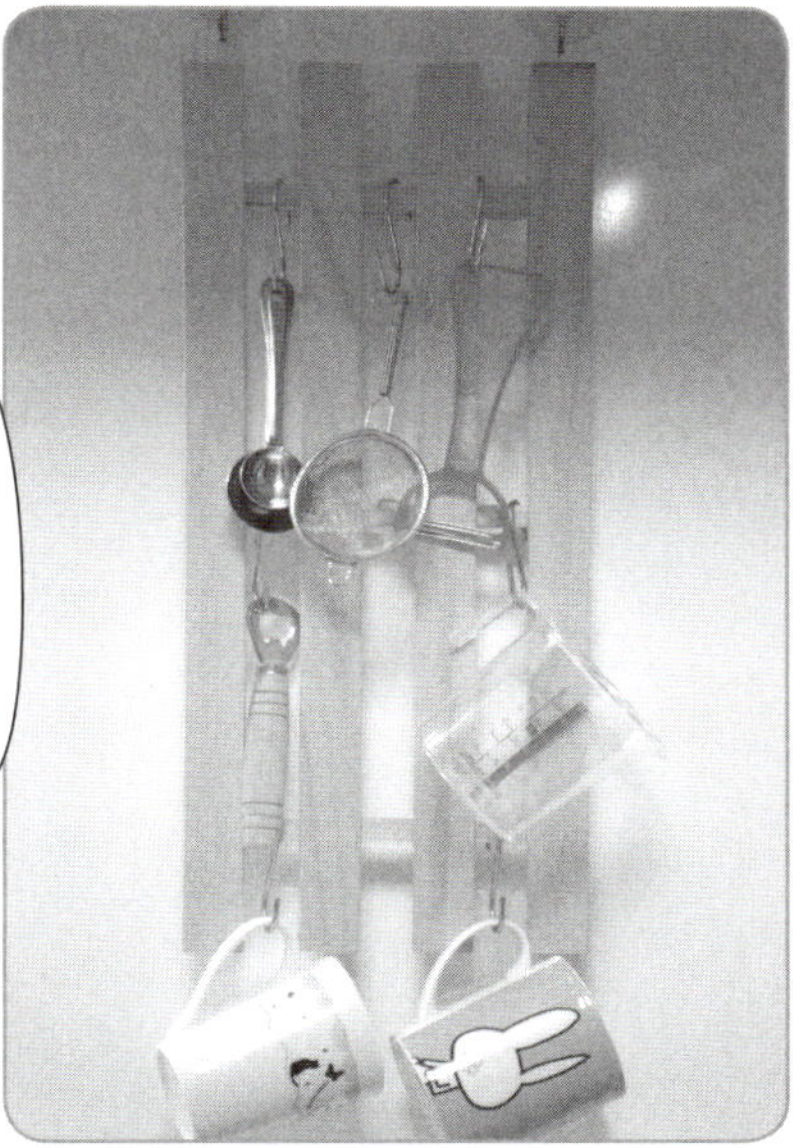

すのこを縦に使って ナチュラルな雰囲気に

すのこを使って収納ラックを作る方法です。まず、すのこの裏に釘を打ち、ひもをかけてマグネットフックなどに吊るします。あとは**すのこにS字フックを引っかければOK。**調理器具やマグカップを、カフェのようにかわいく収納できます。すのこは好みの色にペイントするとまた違った印象に。

これを使おう

ベーシック S

ミニサイズ S

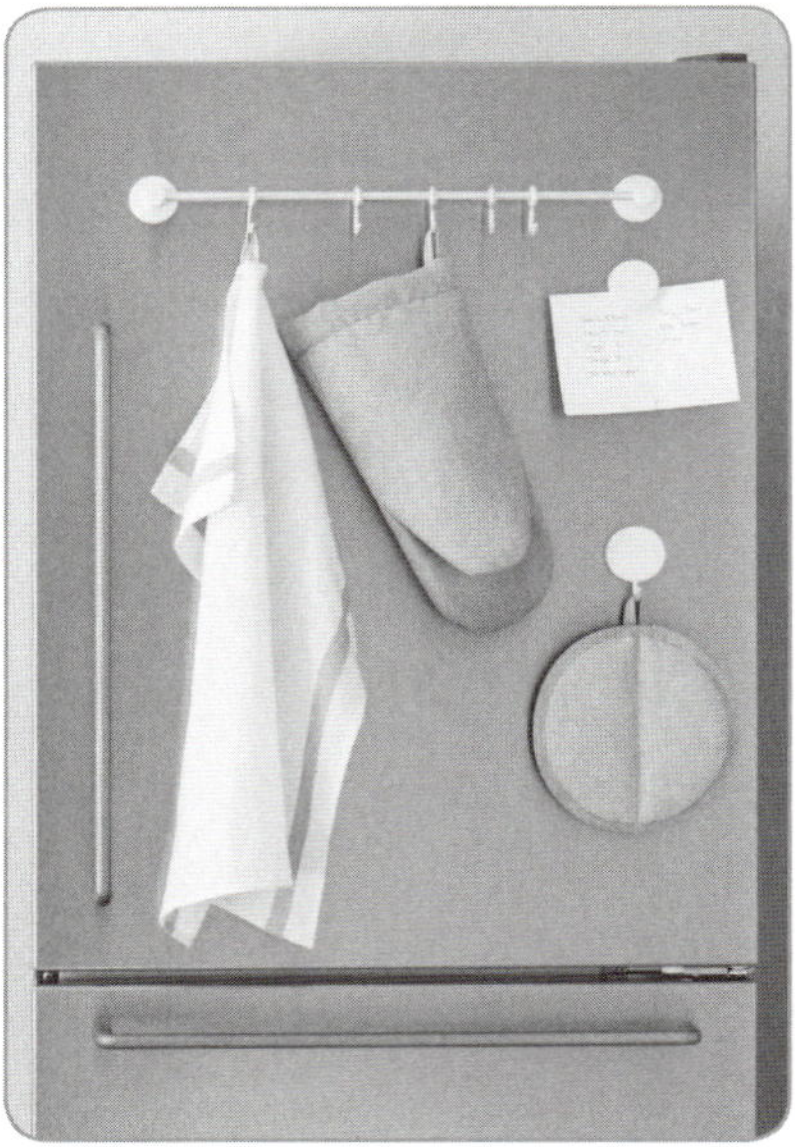

布巾や鍋つかみは冷蔵庫の扉に吊るす

布巾や鍋つかみ、鍋敷きなどの布小物は、ガス台近くやシンク上より、冷蔵庫に吊るすと油や水が付きにくいです。**吸盤やマグネットタイプのタオルハンガーを冷蔵庫に付けて、S字フックをかけたり、**タオルハンガー用フックを付け、布小物を吊るします。

これを使おう

ベーシック S

ミニサイズ S

写真：無印良品
※使用商品はアルミタオルハンガー・マグネットタイプ／アルミタオルハンガー用フック

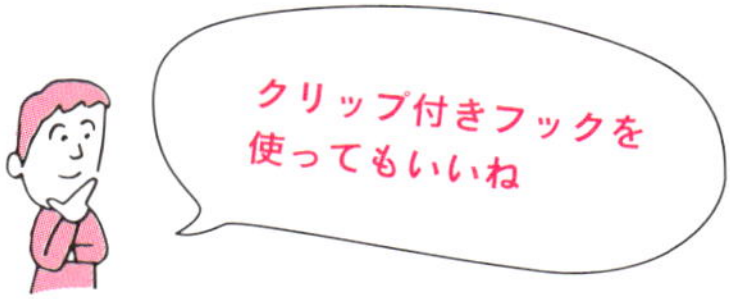
クリップ付きフックを
使ってもいいね

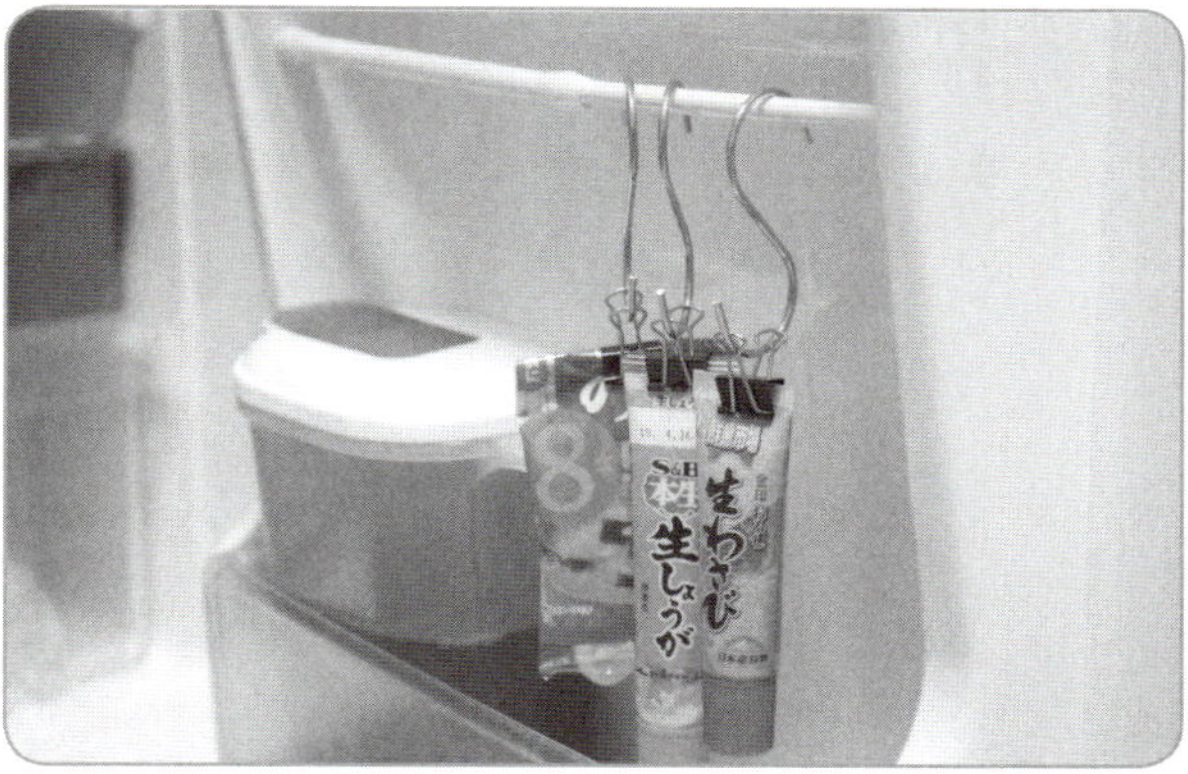
S&B
生しょうが
生わさび

冷蔵庫の空きスペースで調味料が倒れない収納法

チューブタイプの調味料は、冷蔵庫のドアポケットに並べて置くと、ごちゃごちゃとして倒れがち。**空いているスペースに、短いつっぱり棒を取り付けて、S字フックとダブルクリップを使い**調味料を吊るしておけば倒れません。チューブの中身が常に注出口にたまり、使う時も中身を出しやすくなります。

これを使おう

ベーシック
S

クリップ付き

扉を閉じれば
視界に入らないのがいいね

取りやすくしまいやすい シンク下の調理器具

引き出し収納では、かさばったり引っかかったりしがちなお玉やフライ返し。シンク下の収納スペースを使って片付けられます。収納扉に**扉用フックをかけ、ワイヤーネットを取り付けます。**そこにS字フックをかけて小物類を吊るせば、取り出しやすく、しまいやすい収納が実現。

これを使おう

ベーシック
S

ミニサイズ
S

棚の上部にひと工夫して デッドスペースを有効活用

食器棚やシンク下のスペースは、上部にデッドスペースができてしまいます。**このスペースを有効に使うには、つっぱり棒とS字フックが役立ちます。**乾物など軽いものを吊るすことで収納可能範囲が広がります。マグカップなどの重みがあるものを吊るす時は、つっぱり棒が落ちないように注意。

これを使おう

ベーシック S

ミニサイズ S

PART 2

リビング ベッドルーム

スポーツ自転車
▶ P.42

絵本スタンド
▶ P.40

メガネ類
▶ P.38

ティッシュケース
▶ P.37

コード類
▶ P.41

掃除用具
▶ P.36

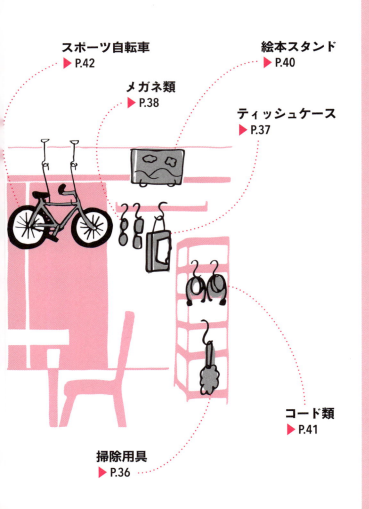

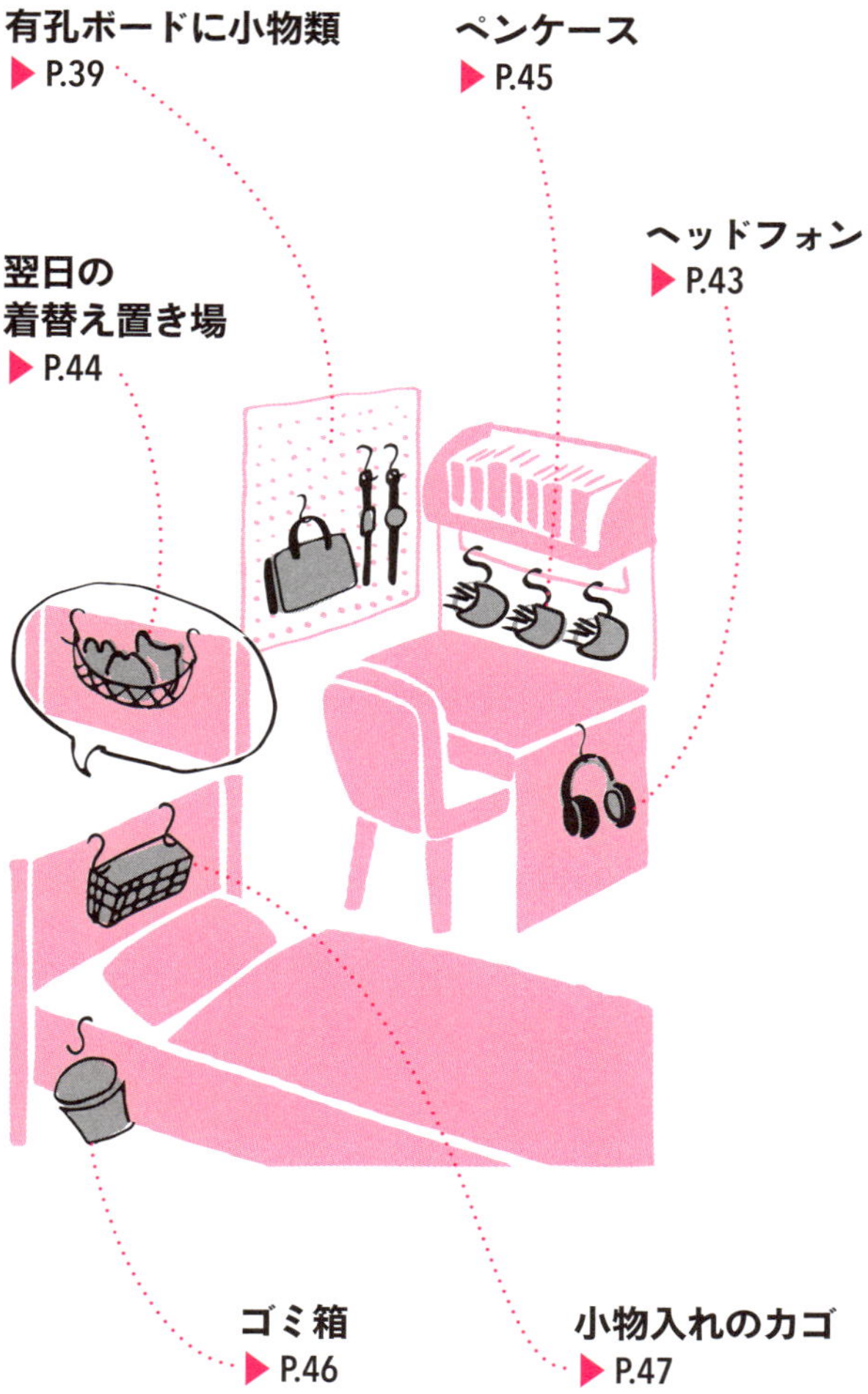

有孔ボードに小物類
▶ P.39
ペンケース
▶ P.45
ヘッドフォン
▶ P.43
翌日の
着替え置き場
▶ P.44
ゴミ箱
▶ P.46
小物入れのカゴ
▶ P.47

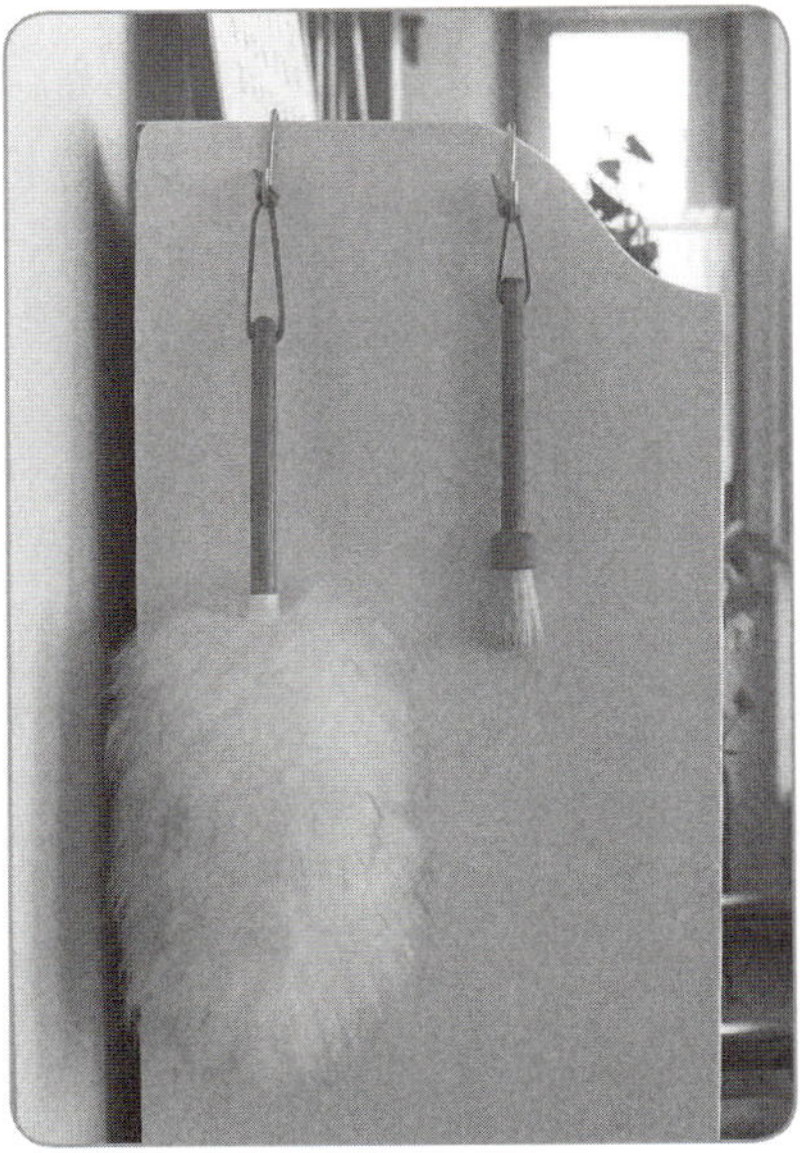

掃除用具を吊るして キレイをキープ

リビングにある家具に、S字フックでハンディモップなどを吊るして収納。日常のこまめな掃除に役立ちます。部屋のキレイさを保つコツは、掃除用具をすぐ手に取れる場所に置くこと。軽いものは押しピンなどでも吊るせますが、**壁や家具に穴をあけずにすみ、安定するS字フック収納がおすすめです。**

これを使おう

ベーシック
S

写真：ma.home（RoomClip／Room No.2585882）

ティッシュケースは吊るすのが正解

生活感が出やすいティッシュの箱は、おしゃれなケースなどで外箱を隠して存在感を消します。そして、**手に届きやすい定位置にS字フックで吊るしておく**と部屋の中で迷子になりません。使うS字フックは、ティッシュが引き出しやすいように、ブレにくいタイプのものがベターです。

これを使おう

ドアかけ用

ブレにくい

写真：kawori

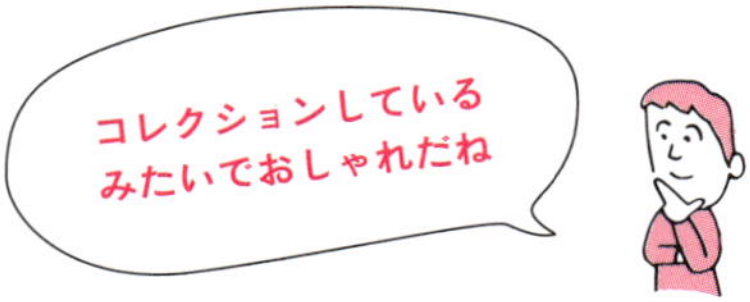
コレクションしている
みたいでおしゃれだね

メガネ類は吊るせば見た目もイイ感じに

どんどん増えてしまうメガネやサングラスは、吊るして飾る収納に。メガネ類を無造作に置きっぱなしにすると、かけたい時に見当たらず、うっかり踏みつけて壊してしまうことも。**S字フックは、片側のカーブが浅いものにする**とメガネ類を吊るしやすいです。

これを使おう
片側カーブ浅め

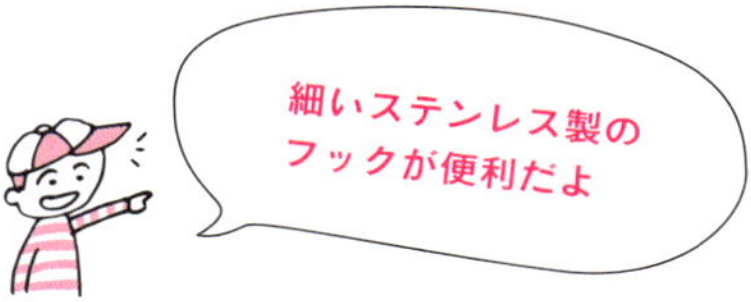

有孔ボードを使ってディスプレイできる収納に

有孔ボード（多数の穴があいた板）を利用すると、自由に配置できる収納スペースが作れます。時計やバッグ、小物や写真、アート作品など、**S字フックを使って好きなものを好きな場所に**かけてみましょう。ボードは好みの色にペイントしてお部屋のアクセントにしても。

これを使おう
ベーシック S
ミニサイズ s

S字フック2つが絵本スタンドに早変わり

部屋に鴨居があれば、それを利用して絵本や雑誌のディスプレイができます。鴨居の幅に合うサイズのS字フックを2つ用意し、ハの字に当てて鴨居に引っかけたら、**フック下部に絵本を置いて立てかけるだけ！** S字フックは、動かないように真ん中をマスキングテープなどで鴨居に留めると安心です。

これを使おう

ごちゃごちゃしたコードはシンプルインテリアの敵

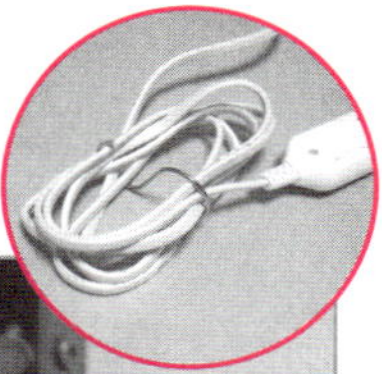

コード類は束ねて吊るせばスッキリまとまる

パソコン周辺機器や充電機、ACアダプターなど電子機器類のコードはごちゃごちゃしがち。**丸く束ねたコードを、S字フックで吊るしてなるべくコンパクトにし、**スッキリ見せます。大きめのS字フックのカーブ部分で、コードを束ねる方法もあります。

これを使おう

ベーシック
S

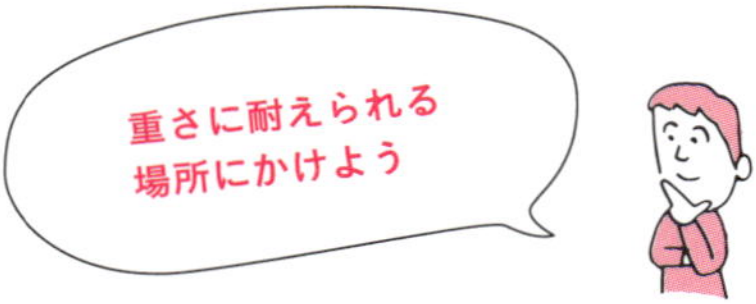

スポーツ自転車の屋内保管に活用

スポーツ自転車は盗難対策やサビ予防が必須のため、屋内保管がおすすめ。でも悩むのが屋内での置き場所です。長めのS字フックを活用して自転車を吊るせば、あまり場所をとらずスマートに保管できます。フックの引っかけ先は、**梁《はり》や、室内物干し用リング、天井フックなどが使えます。**

これを使おう

ロング

ヘッドフォンは
ブレにくいフックに

デスクの脇に**ブレにくいフックをかけ、ヘッドフォンを吊るします。**重心が安定してユラユラ揺れないうえ、使いたい時にサッと手に取りやすく、戻しやすいのがポイントです。デザイン性の優れたヘッドフォンなら、こうして収納するとリビングのインテリアに映えます。

これを使おう

写真：syoko

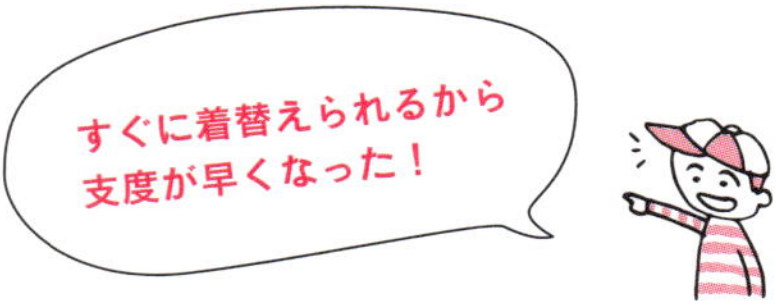

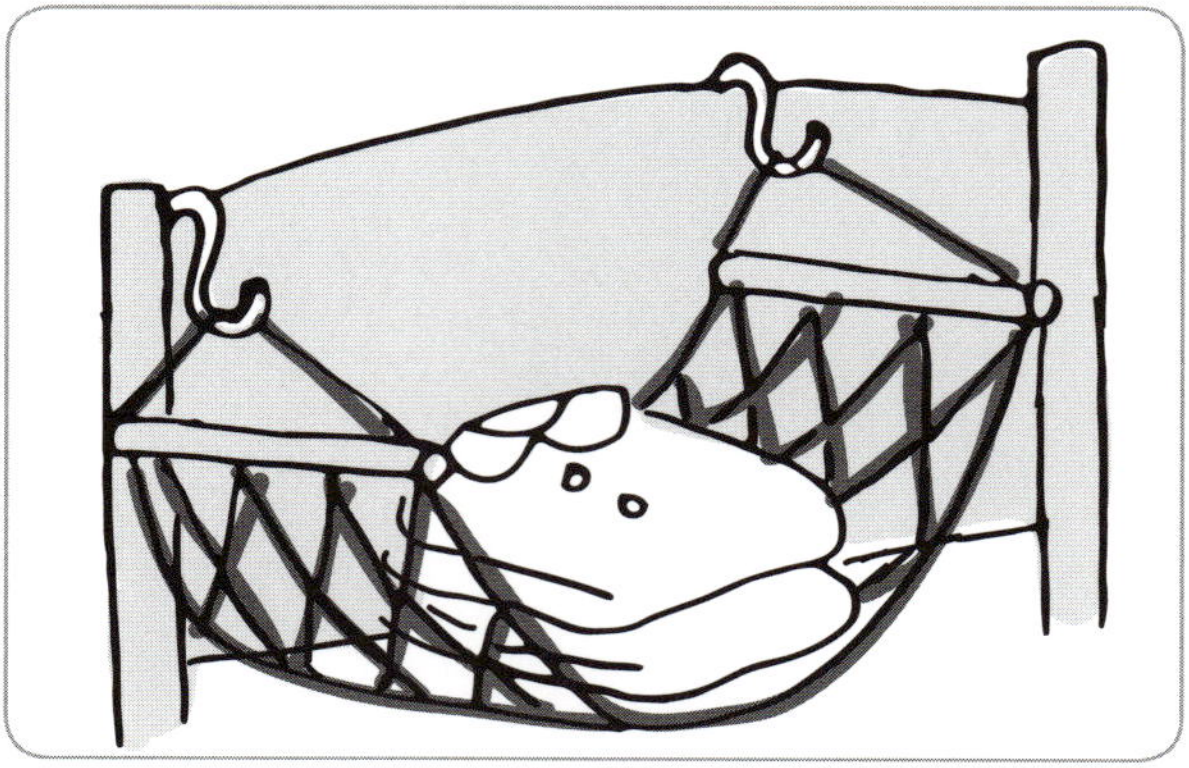

小さめハンモックを翌日の着替え置き場に

室内収納用のミニサイズのハンモックは、衣類を置いておくのにちょうどいいアイテム。ベッドにかけ、翌日の着替えをセットしておきます。前日夜に服を選んでおけば、朝の時間に余裕ができます。**ベッドのパイプやベッドボードは意外と厚みがあるので、片側が大きいタイプのS字フックが使えます。**

これを使おう

片側が大きいS

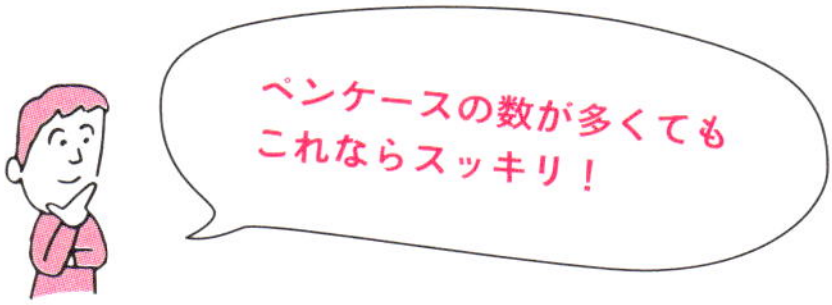
ペンケースの数が多くても
これならスッキリ！

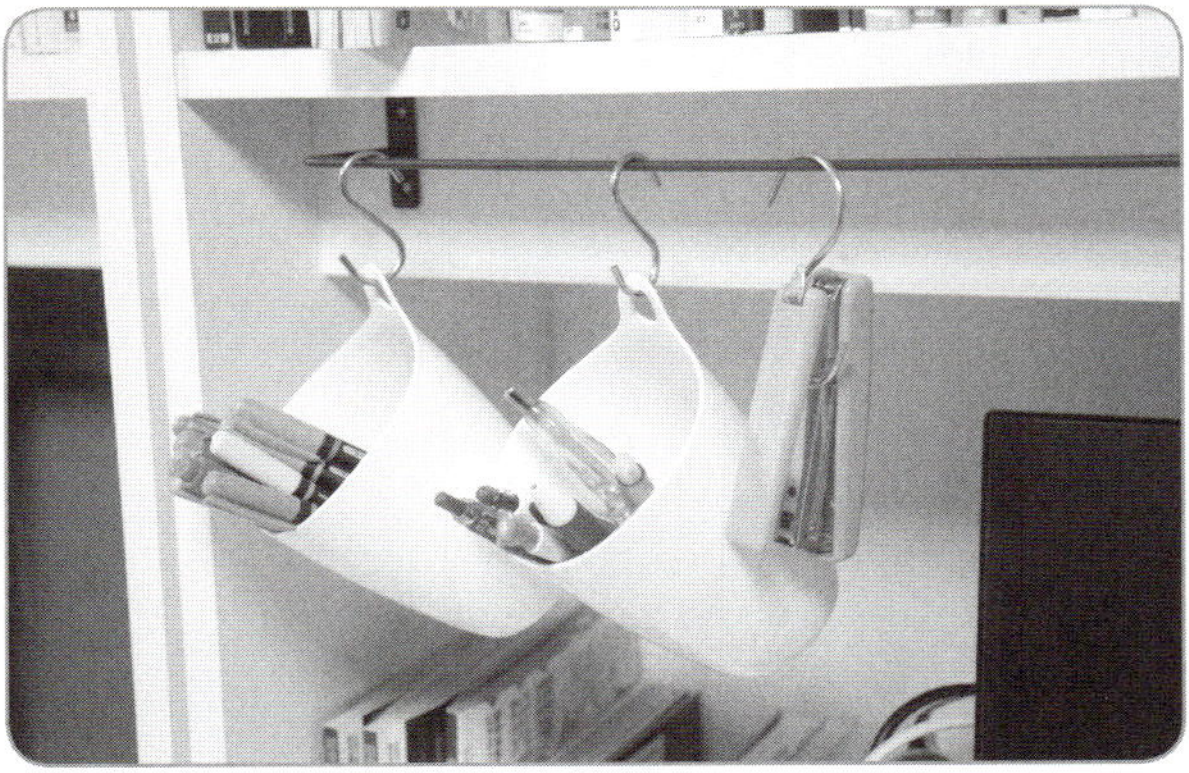

ペンケースを浮かせれば デスクを広々使える

本棚の下面にウォールバーを取り付け、そこに**筆記用具をまとめたペンケースをS字フックで吊るします。**ペンケースが斜めに傾くのでペン類が見えやすく、かつ取り出しやすくなります。ペンケースをデスクの上に並べずにすむので、掃除の時に移動させる手間がないうえ、机を広々と使えます。

これを使おう

ベーシック
S

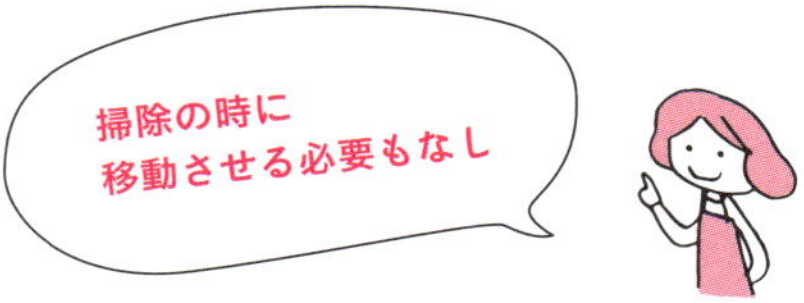

ゴミ箱をベッドサイドの手の届きやすい場所へ

生活感を出したくないけれど、ゴミ箱は便利な場所に置いておきたいもの。**アミ状や、カゴ素材のゴミ箱にS字フックをかけ、ベッドサイドに吊るします。**これなら邪魔にならず、寝たままでも手を伸ばせば届くので、簡単にゴミが捨てられます。ゴミ箱がぐらつく時は、結束バンドで固定してみて。

これを使おう

ベーシック
S

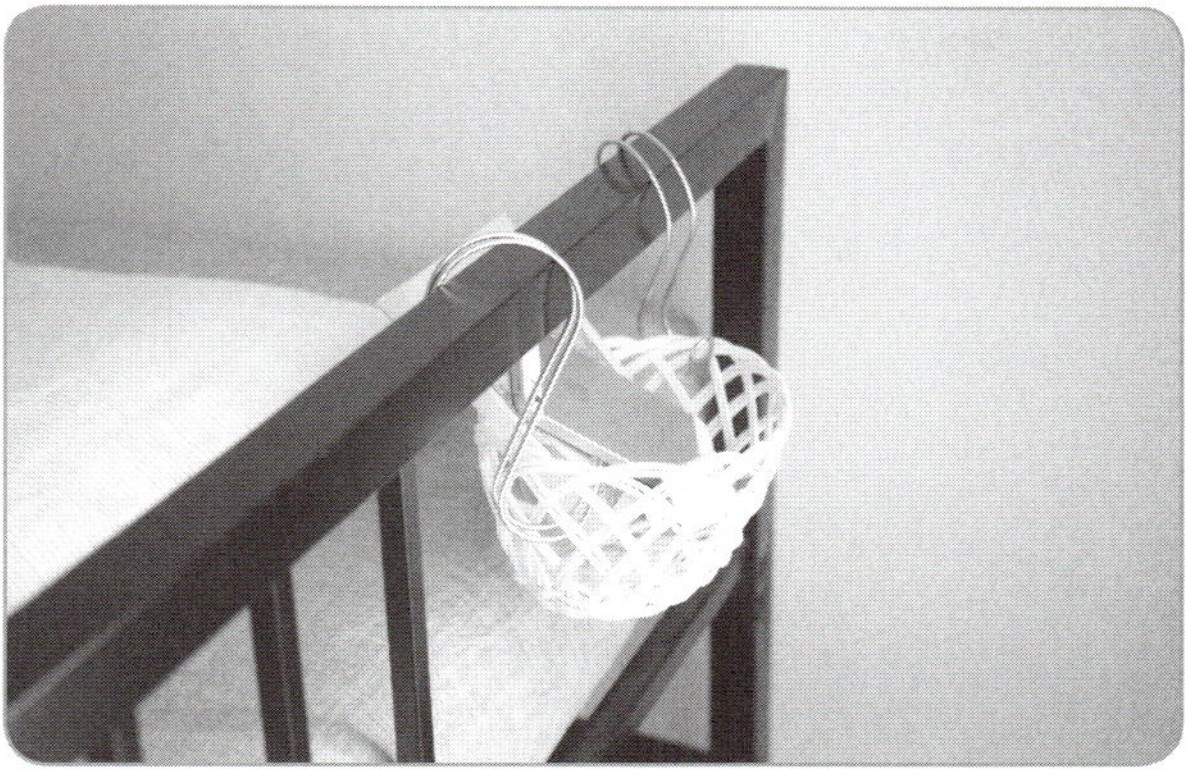

ベッドサイドに 小物入れのカゴを設置

ベッドサイドにテーブルや棚などがなくて不便さを感じているなら、**S字フックに小さなメッシュのカゴを付けて、ベッドのパイプやベッドボードにかける**ことで解決。寝る直前まで使いたいスマートフォンやメガネ、文庫本などが入れられます。起床時も目的のものにすぐ手が届きます。

これを使おう

ベーシックS

PART 3

クローゼット

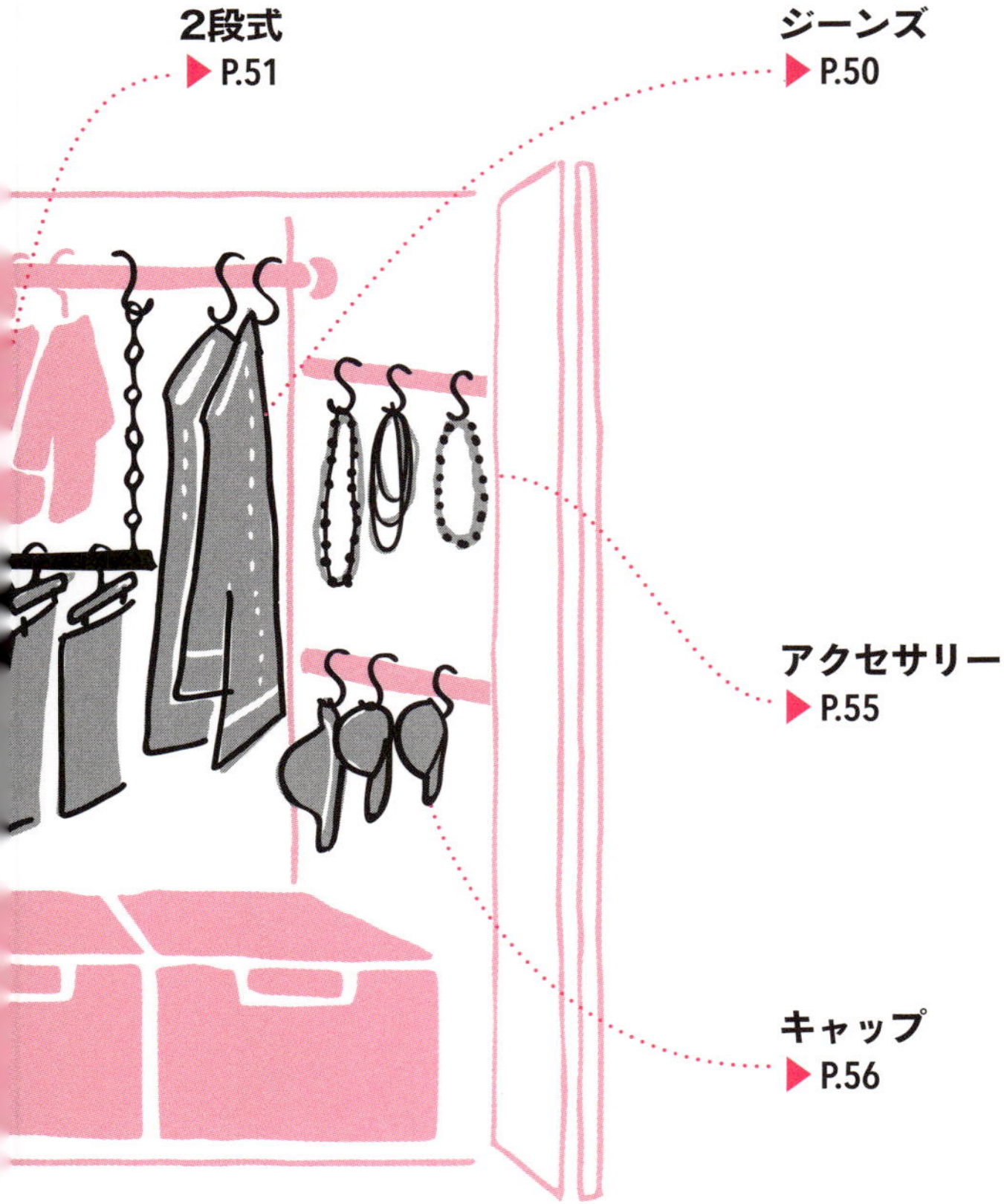

2段式
▶P.51
ジーンズ
▶P.50
アクセサリー
▶P.55
キャップ
▶P.56

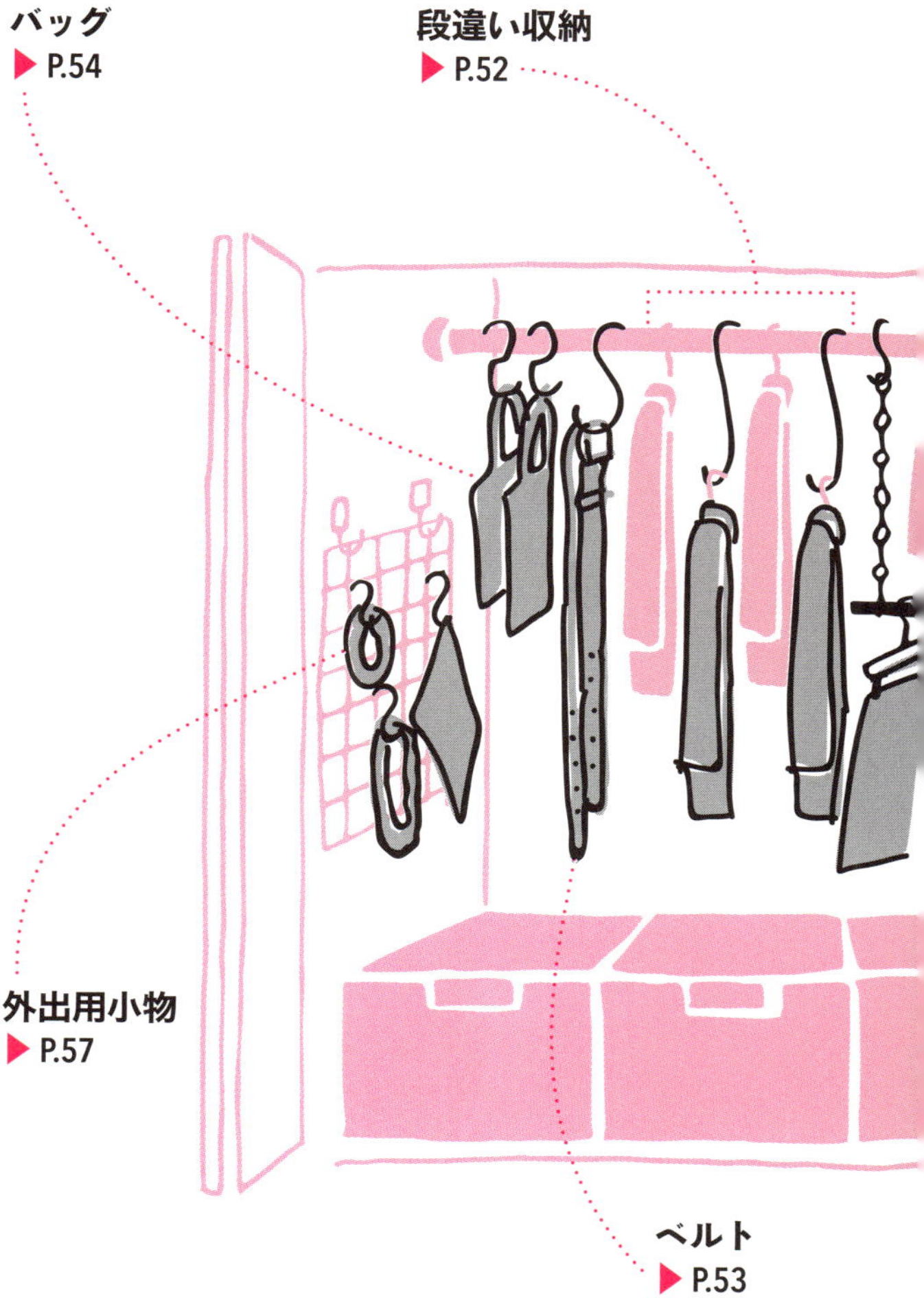
バッグ
▶ P.54
段違い収納
▶ P.52
外出用小物
▶ P.57
ベルト
▶ P.53

ジーンズは吊るしておしゃれ&選びやすく

年中履くジーンズは、ベルトループをS字フックに引っかけ、吊るして収納してみましょう。**引き出しと違って一覧性が高いので、洋服選びの時間が短くなります。**たたみじわが出来ないのも嬉しいですね。1カ所吊るすだけの簡単収納なので、子ども用クローゼットの散らかり防止にも使えます。

これを使おう

ベーシック
S

写真：ミニマリストはるか

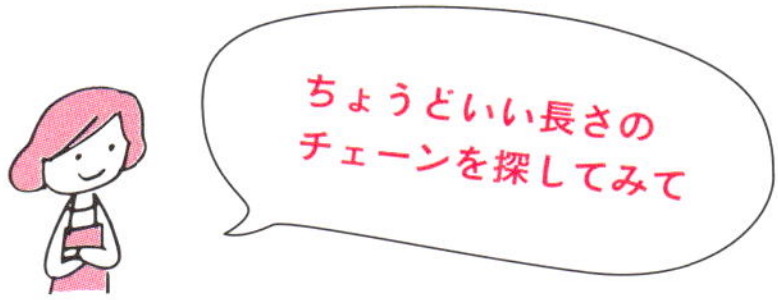

収納量が倍になる「2段式」に一瞬で改造

S字フックを使えばクローゼットのポールを2段にできます。まず、ポールに2つのS字フックをかけ、それぞれに同じ長さのチェーンを吊るします。**チェーンの先にも、それぞれS字フックをかけ、つっぱり棒を設置**したら完成。丈の短い服や、二つ折りにしたパンツを吊るしましょう。

これを使おう

ベーシック
S

専用器具がなくても
代用できるんだ！

少し長めのフックで収納点数が増える

詰め込みすぎのクローゼットは、服同士が擦れて傷みやすい環境。服を減らせない場合は、段違い収納でスペースを確保しましょう。長さ15㎝以上のS字フックで**ジャケットを互い違いに吊るせば収納可能数がアップ**します。フックの先端で衣服を傷つけないよう、すべり止め付きタイプを選んで。

これを使おう

セミロング
すべりにくい

プライベート用と仕事用で分けてもいいね

置き場所に困るベルトは大型フックでまとめて

ベルトの収納には、S字フックが便利。バックルを引っかけるだけで、クローゼットの中に定位置を作ることができます。着替えの際に「ベルトはどこに置いたっけ？」がなくなるので、お出かけ前の忙しい時間もスムーズに。**片側のカーブが大きいS字フックを選ぶ**と、まとめて吊るせます。

これを使おう

片側が大きい

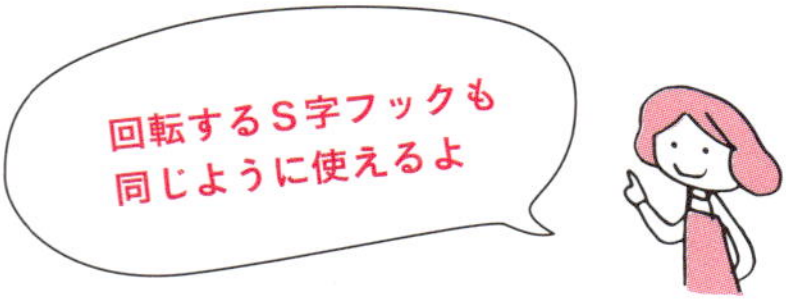
回転するS字フックも
同じように使えるよ

バッグは「ねじれ」フックで省スペース収納

バッグ収納には、上下90度ねじれがあるS字フックが便利。普通のS字フックでも吊るすことはできますが、持ち手が曲がってしまったり、スペースをとってしまいます。ねじれフックならバッグの**持ち手が曲がらず、バッグを縦向きでしまえる**ので、見た目がスッキリ。出し入れもしやすくなります。

これを使おう

ねじれ

写真：usagi works

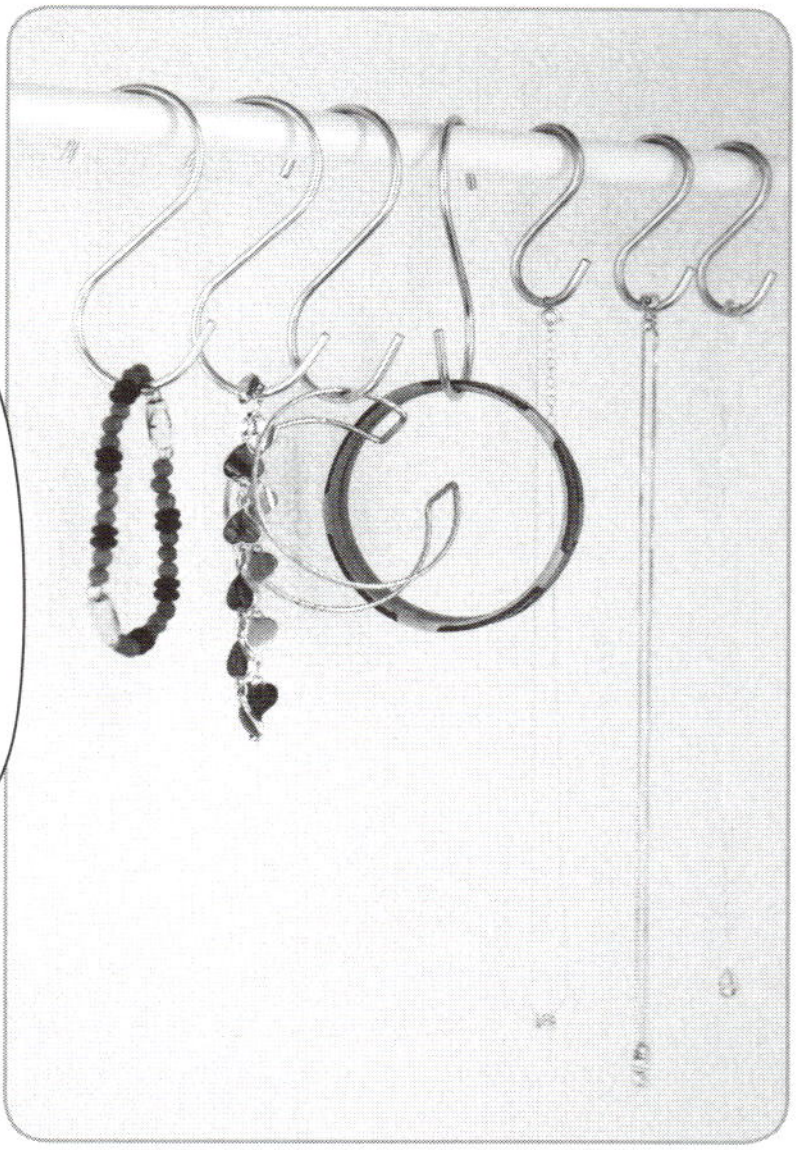

アクセサリーはワンセットずつまとめて

ネックレスやブレスレット、イヤリングなどの保管にも、つっぱり棒とS字フックの組み合わせが便利。ボックスなどにまとめて収納すると、どうしてもからまって傷んだり、探しにくくなったりしてしまいます。でも、**ワンセットずつS字フックに吊るせば**その心配は無用。使った後もしまいやすくなります。

これを使おう

ベーシック S

ミニサイズ S

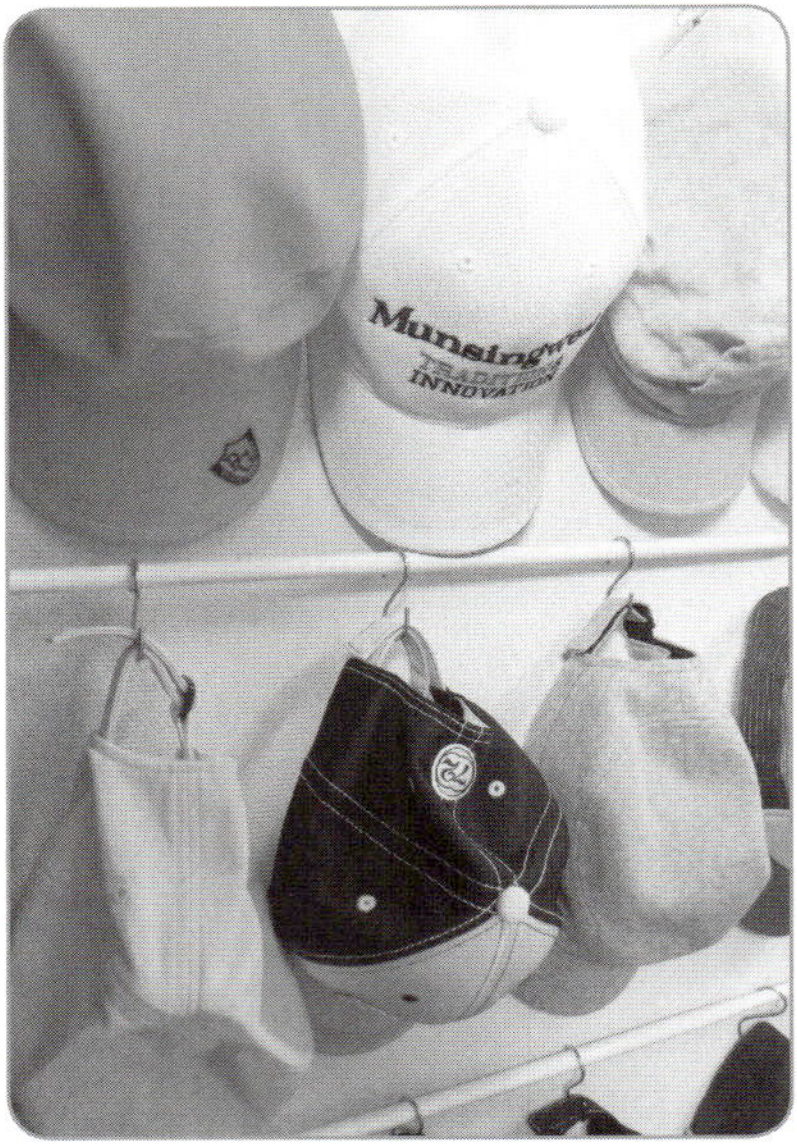

デザインがかっこいい帽子は
並べるとおしゃれだね

いくつもあるキャップは壁面を使って吊るす

帽子やキャップ類は、重ねると探しにくいうえ、型崩れしやすくなります。そこでおすすめなのが、**つっぱり棒とS字フックを組み合わせて吊るす**方法。クローゼットの壁や扉の内側などの隙間を有効活用して、**見つけやすく、取り出しやすく、しまいやすい**収納が完成します。

これを使おう

ベーシック
S

写真：整理収納スタイリスト米山真央

身支度の時間に余裕ができるね

外出用の小物を1カ所にまとめて

外出に必要なストールや腕時計、帽子などの小物類。クローゼットのすみにワイヤーネットを設置し、**S字フックでまとめて吊るしておけば、**お出かけの準備がスムーズになるうえ**忘れ物もしにくくなります。**ワイヤーネット用のカゴを使えば、収納できるアイテムの幅も広がってより便利に。

これを使おう

ベーシック
S

PART 4

バスルーム
洗面所・トイレ

洗濯ネットで服の仕分け
▶ P.69

洗濯洗剤
▶ P.73

タオル
▶ P.67

バスタオルや
バスローブ
▶ P.68

ドライヤー
▶ P.66

歯ブラシ・歯磨き粉
▶ P.65

シェーバー
▶ P.64

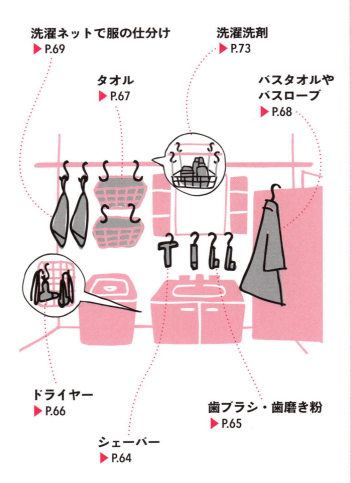

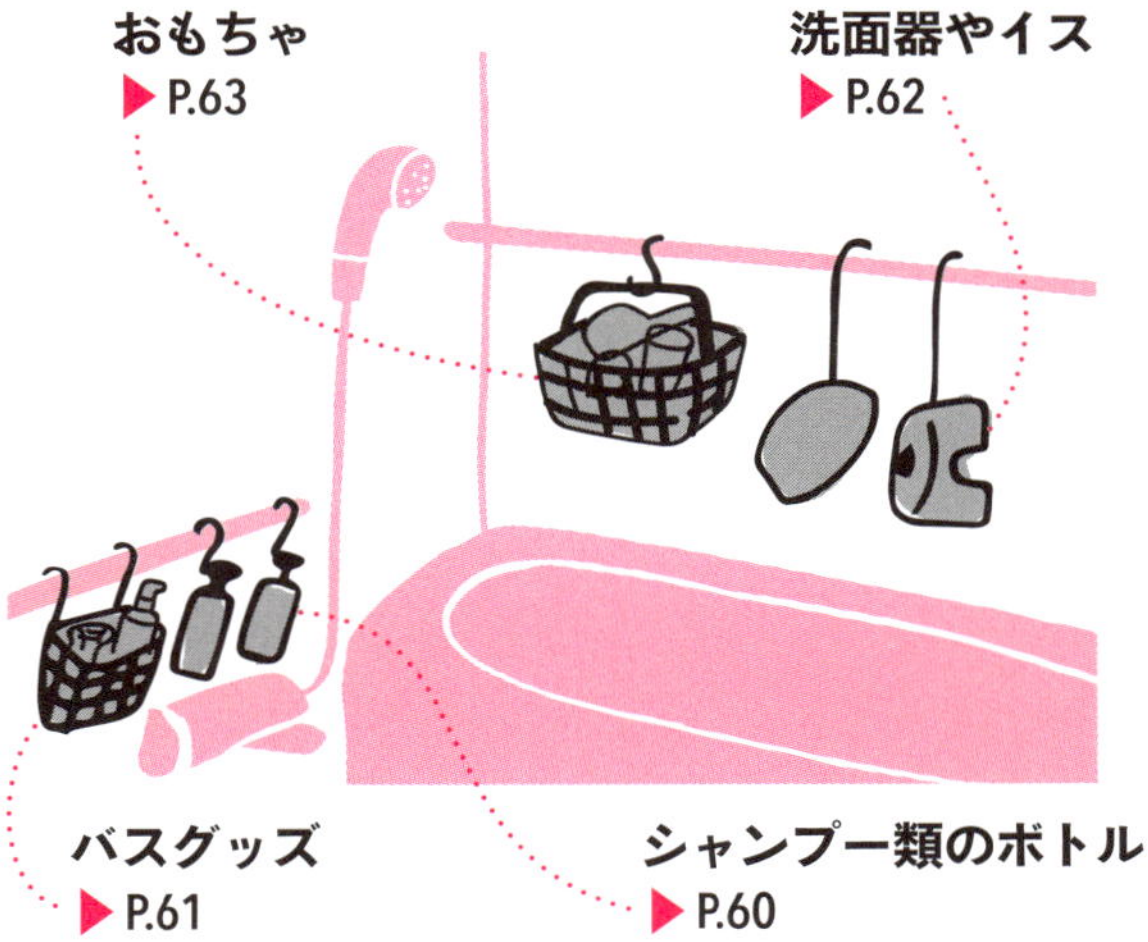
おもちゃ
▶ P.63
洗面器やイス
▶ P.62
バスグッズ
▶ P.61
シャンプー類のボトル
▶ P.60

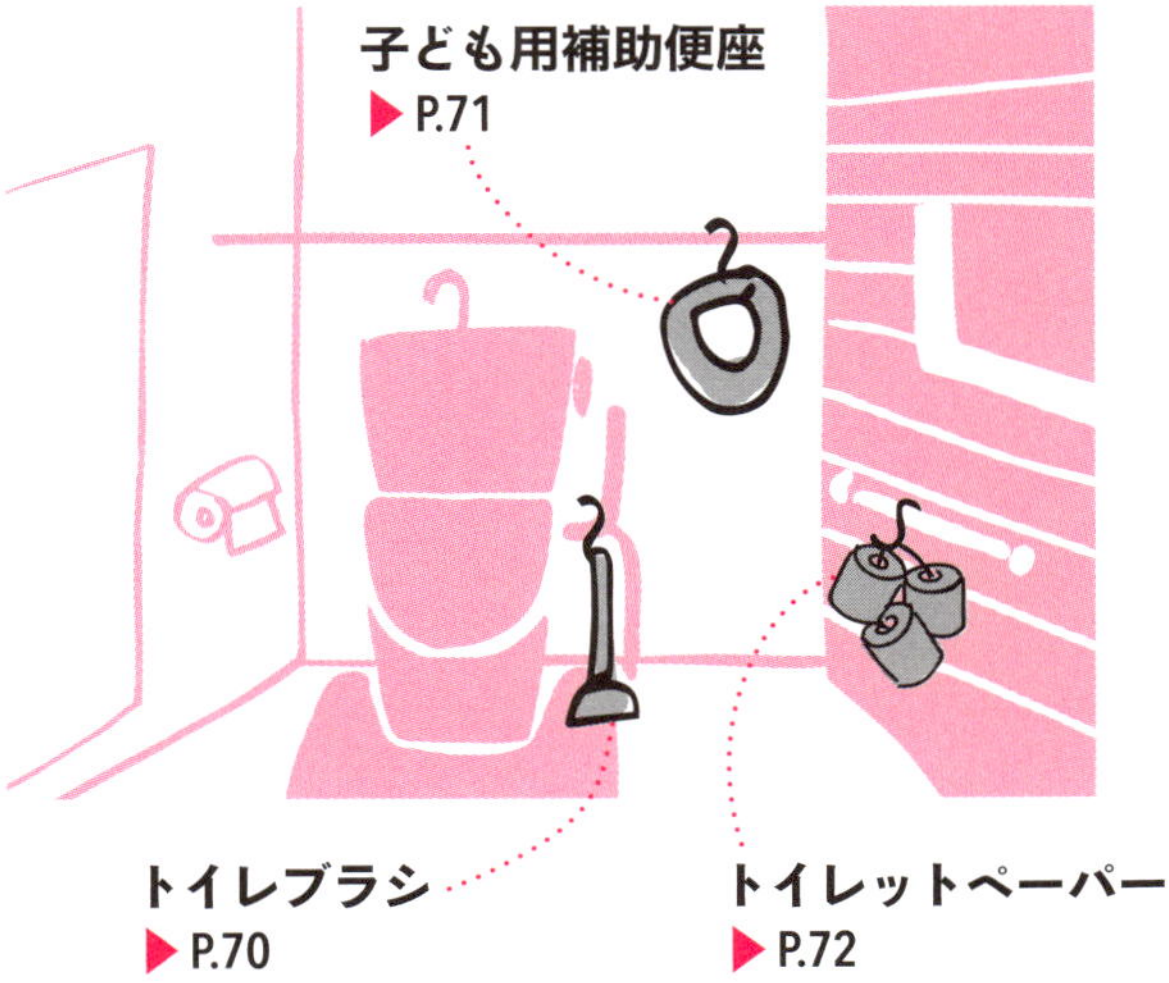
子ども用補助便座
▶ P.71
トイレブラシ
▶ P.70
トイレットペーパー
▶ P.72

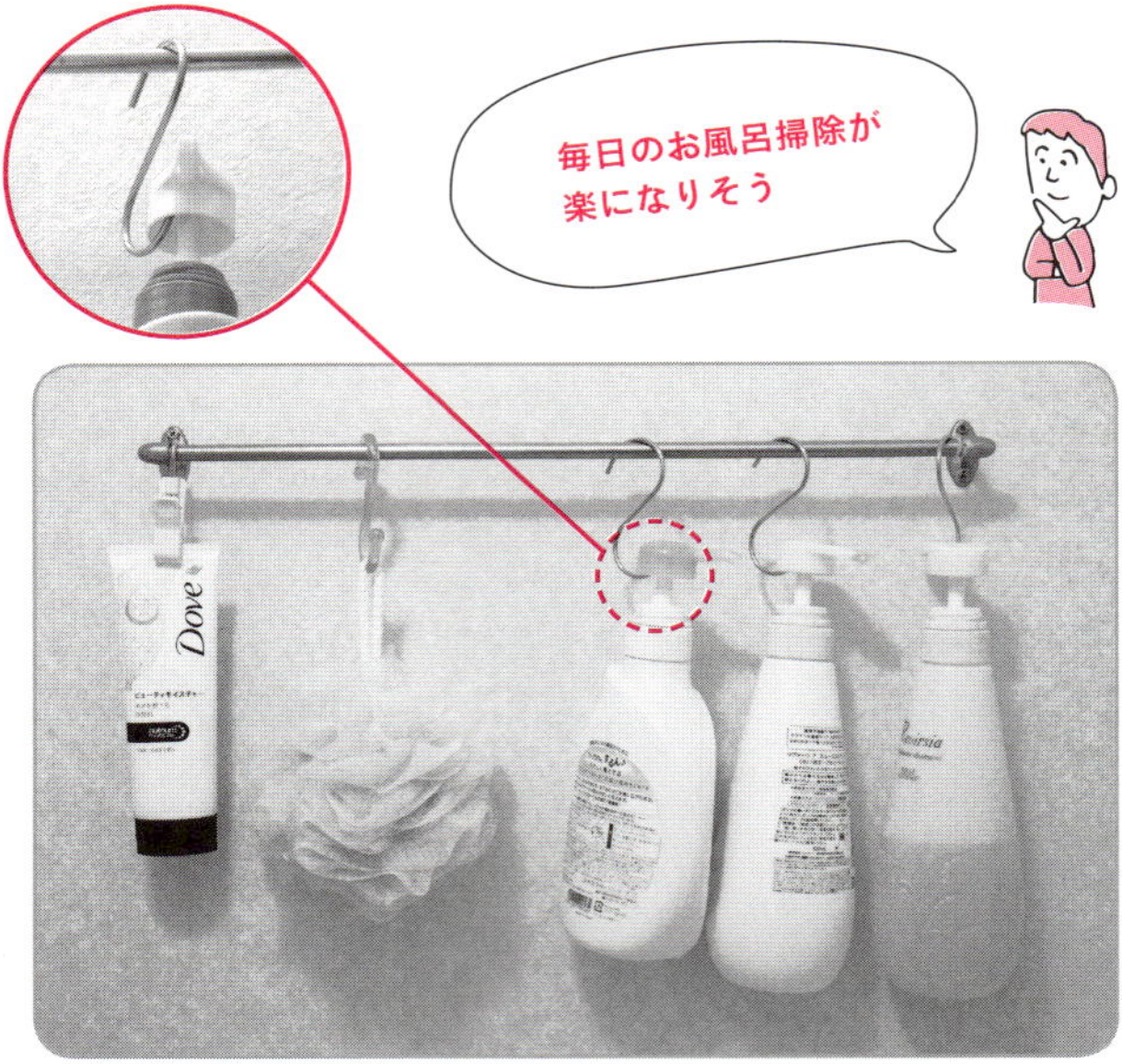
毎日のお風呂掃除が
楽になりそう

これでもう悩まない！ボトル底のヌルヌル汚れ

シャンプーやボディーソープのボトル底は、掃除をしてもすぐにぬめりが発生しがち。でも、**ステンレスのS字フックに、ボトルのノズル部分を引っかける**吊り下げ収納で、ヌルヌルとは無縁の清潔なお風呂になります。クリップ付きフックには、洗顔フォームやスポンジなどを吊るせます。

これを
使おう
ベーシック
S
クリップ付き

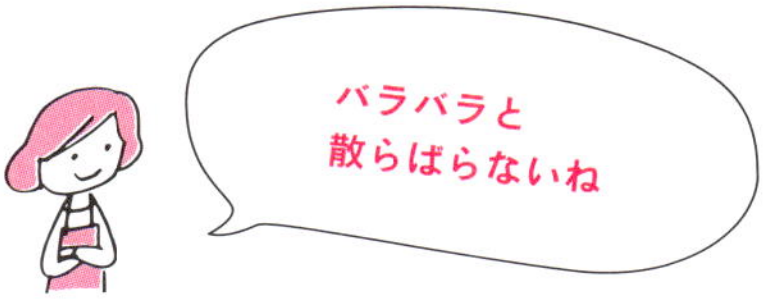

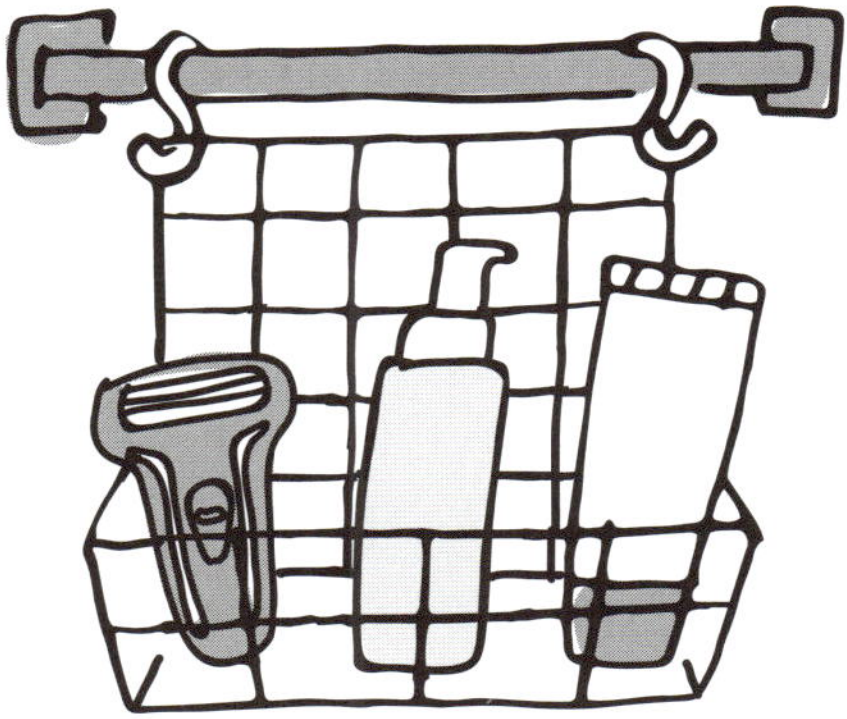

多すぎるお風呂グッズもカゴの中にまとめて陳列

お風呂の常備品が多くて置き場所に困ったら、即席の棚を作ってしまいましょう。**タオルバーにS字フックをかけ、網カゴを取り付ける**だけでOK。シェーバーやクレンジングオイル、パックなど、S字フックに直接吊るせないものを置けます。床置きしないので水がたまらず、ぬめりが発生しません。

これを使おう

ベーシック S

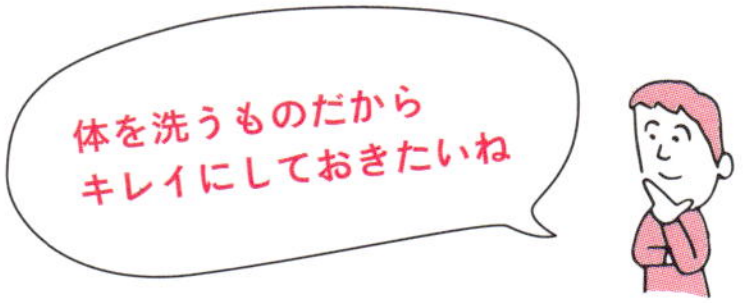
体を洗うものだから
キレイにしておきたいね

水ハケを良くして洗面器類をいつも清潔に

これを使おう
ロング

洗面器や片手おけ、イスなどを水にぬれたまま放置してしまうと、ぬめりの原因に。きちんと乾燥させることで、清潔な状態を長く保つことができます。穴がある洗面器や片手おけに**ロングタイプのS字フックを通し、物干し竿にかけるだけ。**床がスッキリ片付くので、掃除も楽になりますね。

写真：山口麻里

片付けも
パパッとできるよ

おもちゃは浮かせてしっかり乾燥させる

子どもがお風呂で遊ぶおもちゃ。カゴにまとめて片付けても、床に置くとどうしてもカゴの底面がヌルヌルとしてきます。そこで浴室に付いている**物干し竿にS字フックを引っかけ、そこにおもちゃのカゴを吊るします。**これでしっかり乾燥させ、カゴの底面を清潔に保てます。

これを使おう

ベーシック
ブレにくい

写真：ミヨシヤスコ

子どもの手が
届かない高さに吊ろう

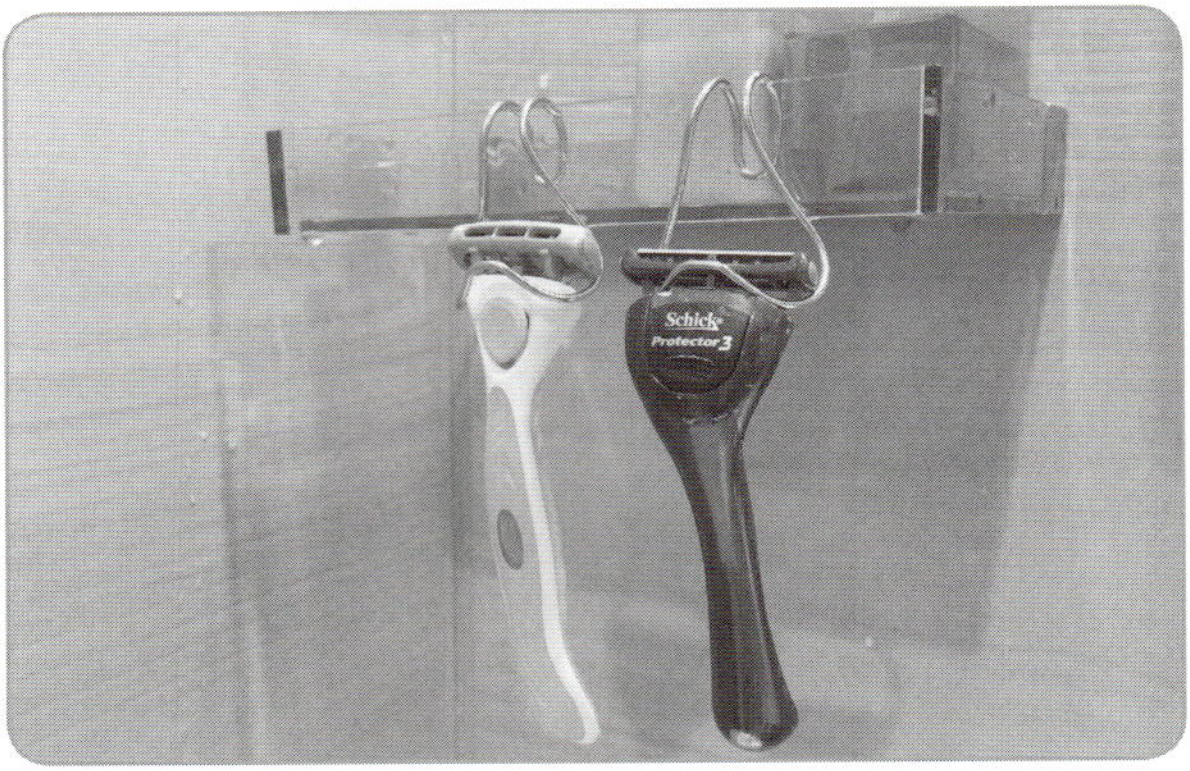

安全&スッキリ！ 手作りシェーバーフック

水にぬれる場所だと刃がさびたり、独特な形状でかさばったり……。置き場所に困るシェーバーは、ブレにくいタイプのS字フックでコンパクトに収納できます。**ペンチを2本使って、ブレにくいS字フックの引っかけ部分を左右に広げます。**広がった部分にシェーバーを吊り下げましょう。

これを使おう

ブレにくい

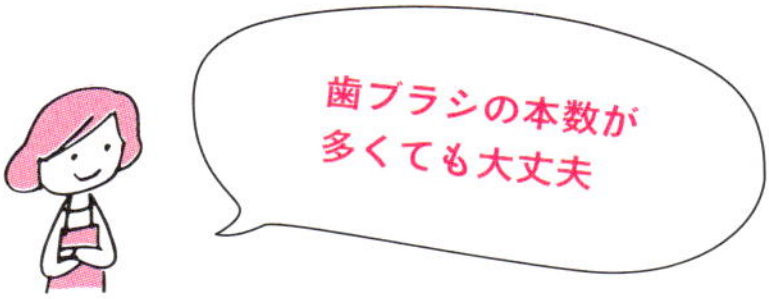

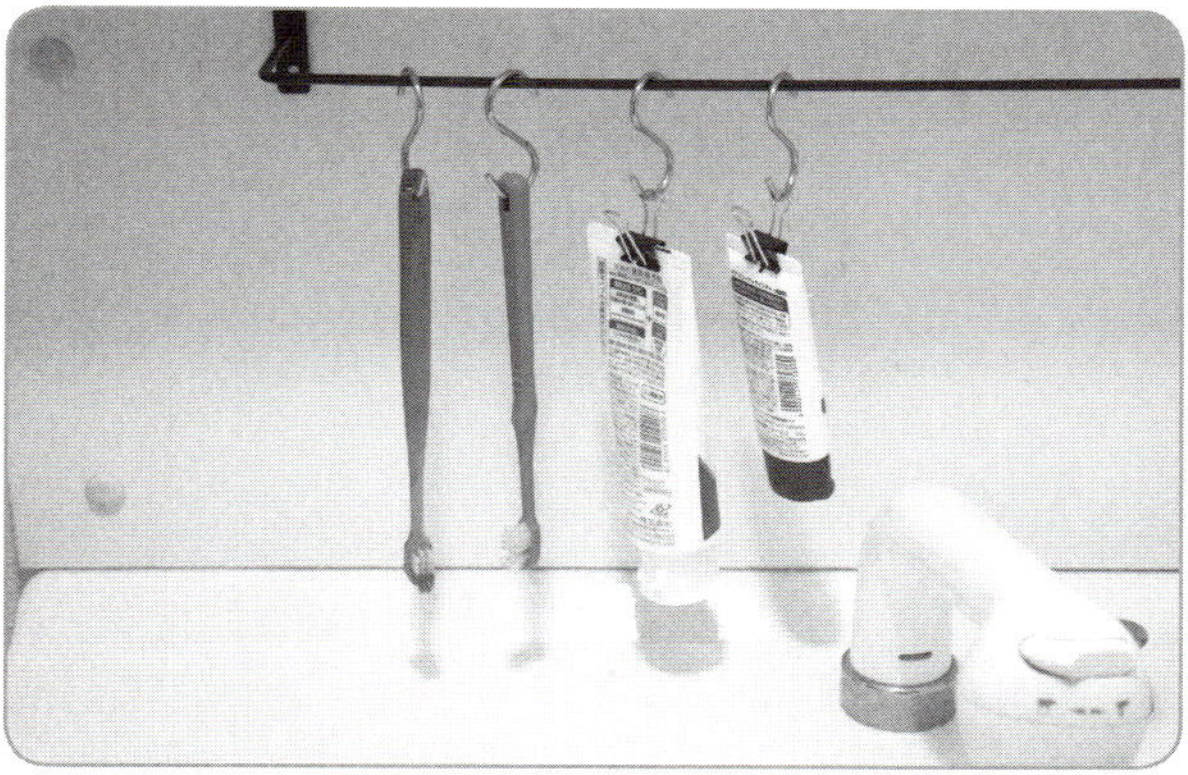

歯ブラシと歯磨き粉は吊るせば棚周りがピカピカ

こまごました常備品が並ぶ洗面台。ものが多いほど、汚れに気付きにくいうえ、掃除はおっくうになります。そこで便利なのが、吊り下げ収納。**歯ブラシはS字フックを穴に通して吊り、歯磨き粉はダブルクリップで留めて吊るします。**フックをかける場所がない場合は、ウォールバーを取り付ければOK。

これを使おう

ベーシック
S

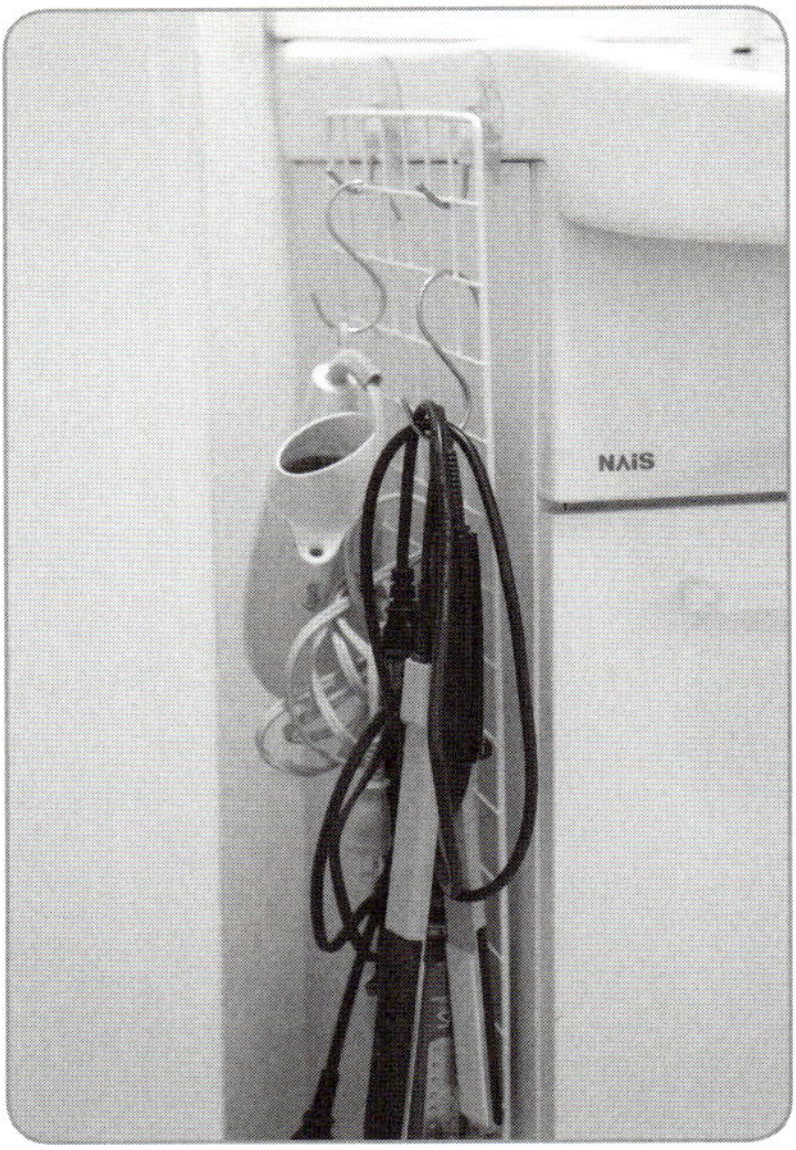

数が多くても
1面にまとまる♪

洗面台と洗濯機の間にドライヤー類をまとめる

意外と置き場所に困るドライヤーやヘアアイロンは、洗面所のデッドスペースに収納しましょう。**洗面台の側面に吸盤付きのフックをくっつけて、ワイヤーネットを取り付けます。**そこにS字フックでドライヤー類を吊るします。コードは束ねて、本体と一緒にS字フックに吊るしましょう。

これを使おう

ベーシック
S

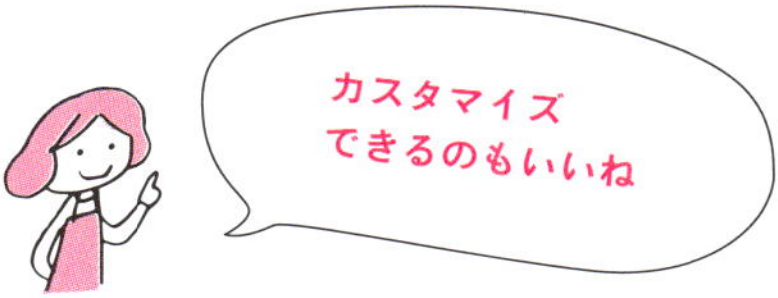

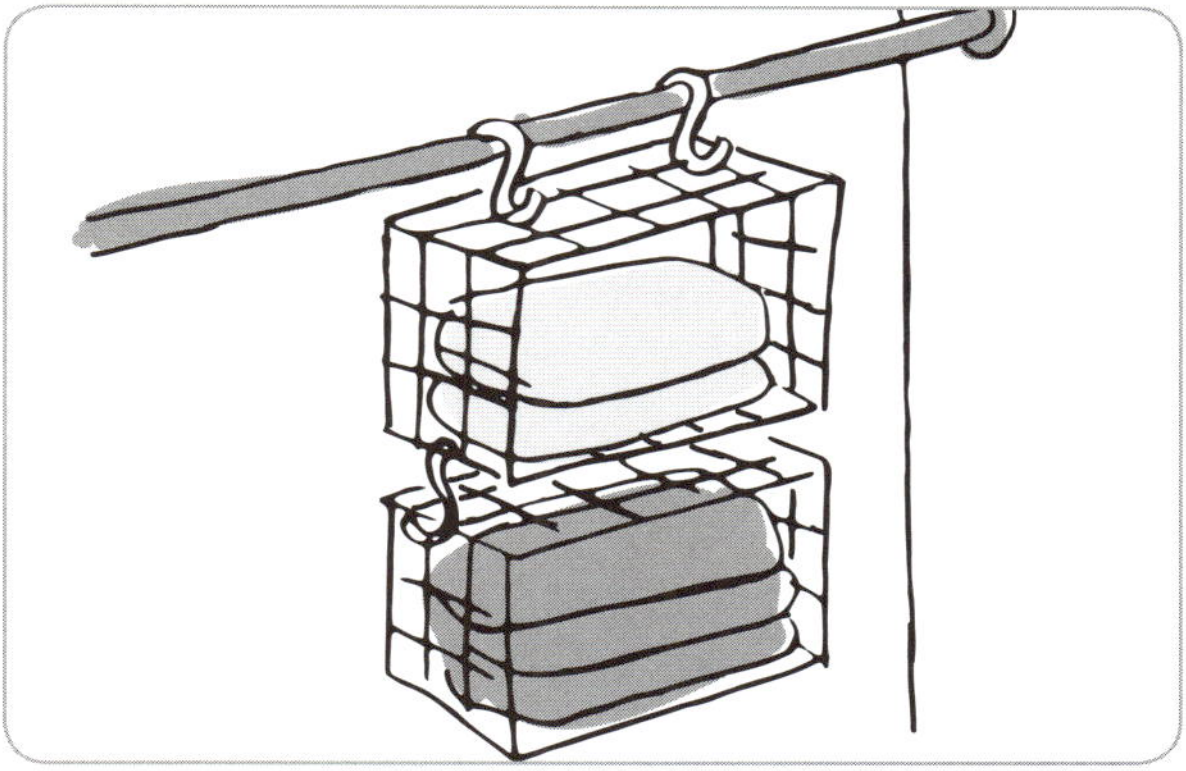

かさばるタオルも棚いらずでしまえる

つっぱり棒、大きめのバスケット、そしてS字フック。この3つのアイテムがあれば、収納棚の置けないバスルームでも、バスタオルやパジャマをスッキリ収納できます。**カゴの向きや数も、用途によって調整できます。**バスケットの下に、さらにもう1個バスケットを吊るしてもいいでしょう。

これを使おう

ベーシック
S

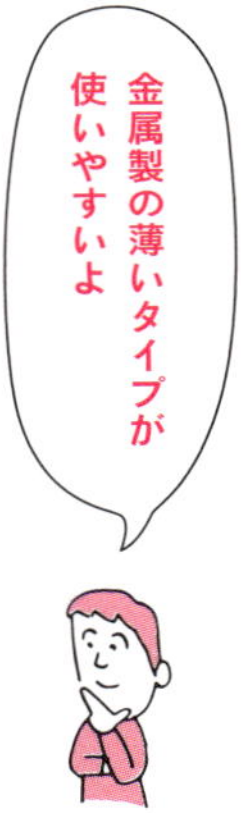

カゴを置かなくても ドアの隙間を活用

ドアの上部にドアかけ用フックをかけ、バスタオルやバスローブなどを吊るします。下着類はネットバッグに入れて吊るすと便利です。ほかにも、アロマディフューザーやスピーカーなどを吊り下げれば、優雅なバスタイムに早変わり。**ドアの厚みや隙間に合ったフックを選びましょう。**

これを使おう

ドアかけ用

カーテンを付ければ
見た目も気にならないよ

洗濯ネットを吊るして仕分けの手間を大幅カット

手洗いする服・色落ちする服など、それぞれに洗い方が異なる洗濯物。脱いだ服をまとめてカゴに放り込むと、洗濯前に仕分けるのがひと苦労ですよね。**洗濯機の上につっぱり棒を取り付け、S字フックに洗濯ネットを吊るせば、**脱いだ服をその場で仕分けることができて後の作業が楽になります。

これを使おう

ベーシック S

写真：CUISINE HABITS

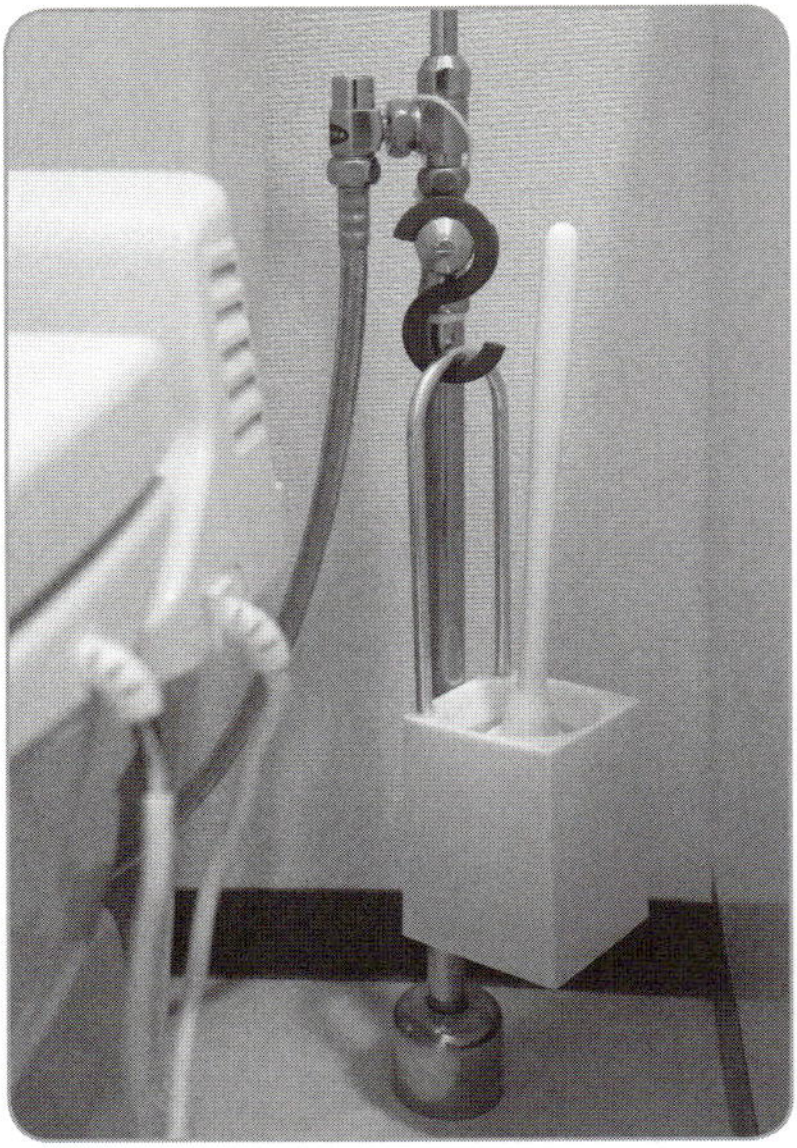

クリップ付きフックなら拭きシートも吊るせる

トイレのお掃除グッズも床置きせず浮かせる

便器用ブラシなど、トイレのお掃除グッズは床置きすると、掃除の時に移動させるのがおっくうですよね。**ブラシホルダーの持ち手をS字フックに通し、便器脇のパイプにかければ、**掃除はぐっと楽に。うまく引っかけられない場合はつっぱり棒を使ってもいいですね。

これを使おう

ベーシック
S

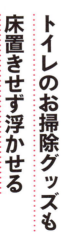

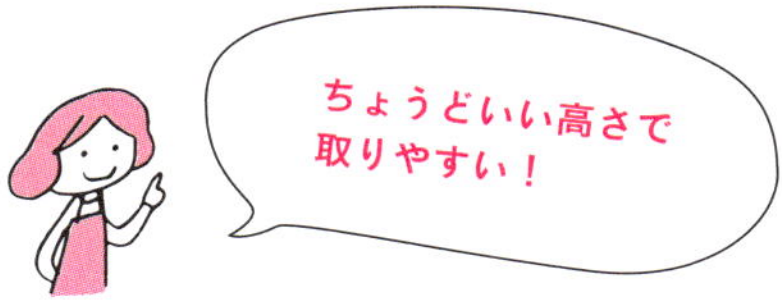

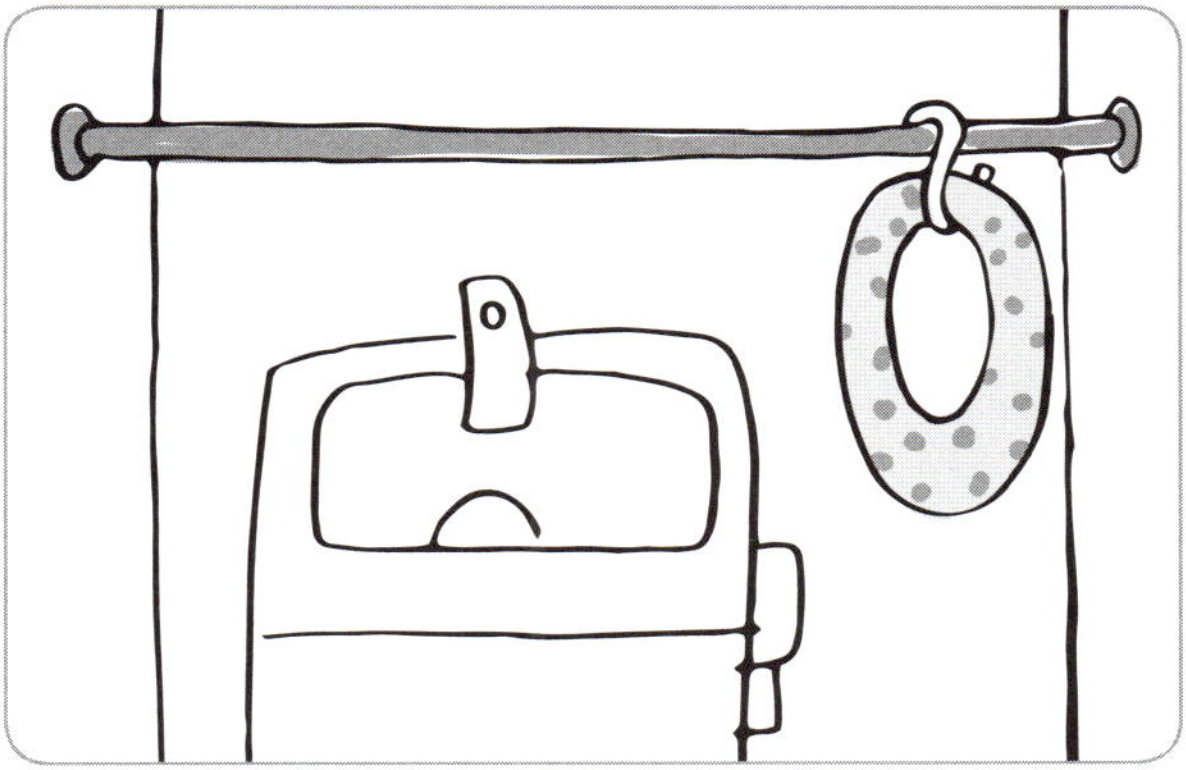

子ども用の補助便座を隙間にスッポリ収納

トイレの奥にあるデッドスペースに**つっぱり棒を取り付けてS字フックを引っかければ、子ども用補助便座を床に付けずに収納できます。**便座に引っかけ用のリングなどが付いていなくても、片側が大きいタイプのフックを使えば吊り下げることができます。

これを使おう

S字フックが大きすぎると
芯の中を通せないよ

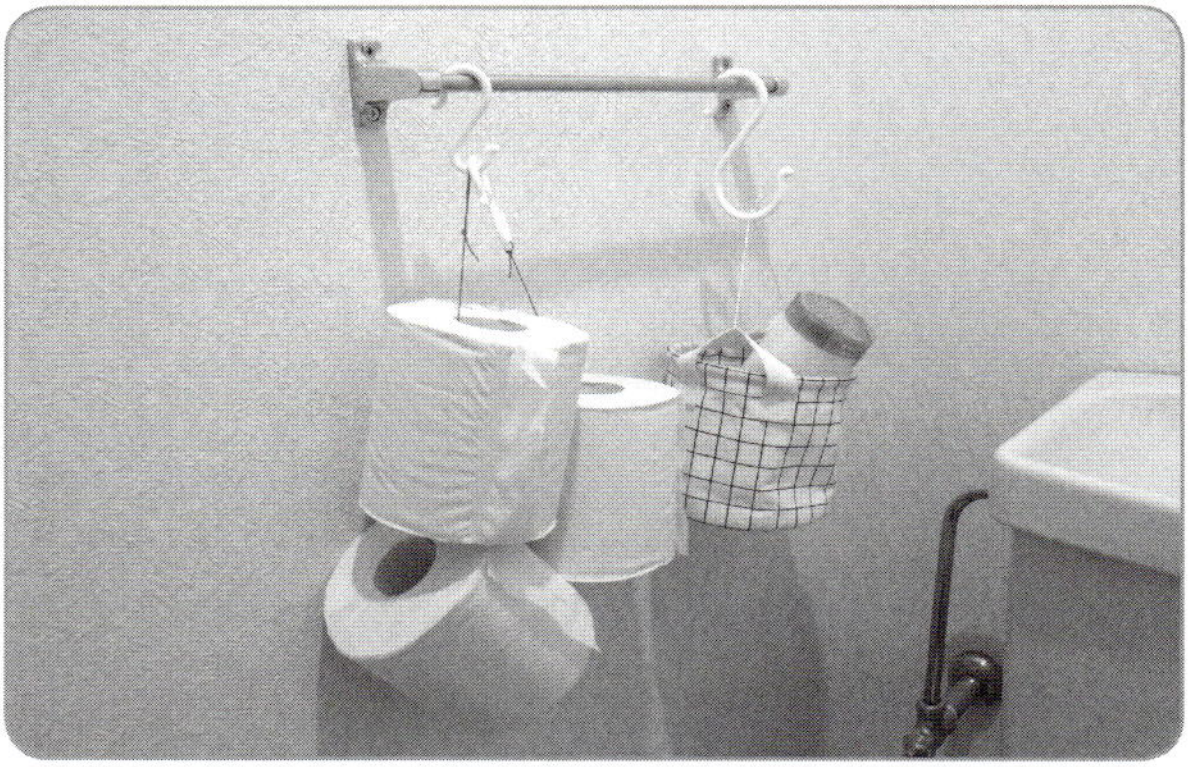

トイレットペーパーはひもと組み合わせてストック

トイレに収納棚がない場合、S字フックとひもがあれば、床置きせずにトイレットペーパーのストックが可能です。**2つのS字フックにひもの端を結びつけ、トイレットペーパーの芯の中を通します。**片方のS字フックをタオルバーにかけ、そこにもう片方を引っかければ、幅を取りません。

これを使おう

ベーシック

S

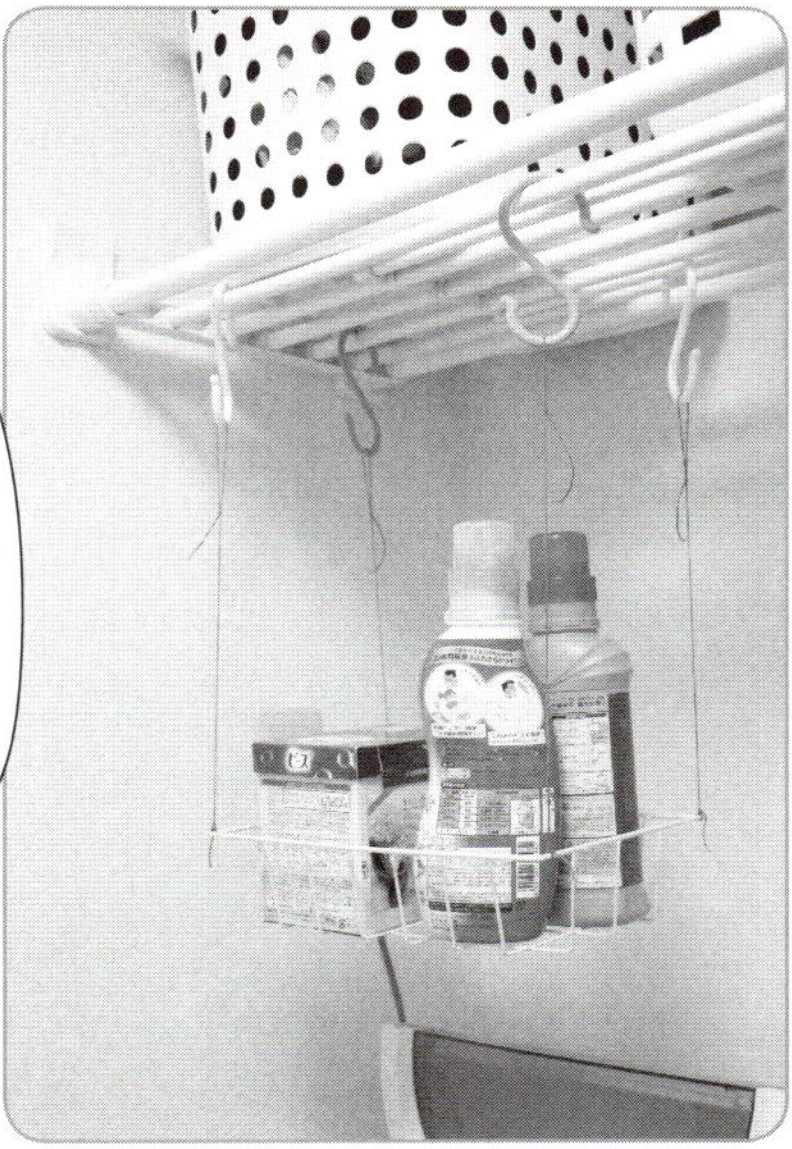

洗濯に必要なものは洗濯機の真上にセット

ランドリーラックを置くスペースがなくても洗剤や柔軟剤を手の届きやすい位置に置くことができます。つっぱりタイプの棚を洗濯機の上に設置して、そこからカゴを吊るすだけ。ロングタイプのS字フックを使えば便利ですが、ない場合は**ひもやチェーンで、カゴの高さを調節します。**

これを使おう

ベーシック S

PART 5

玄関

ブーツ
▶ P.80

愛犬のお散歩グッズ
▶ P.83

シューケア用品
▶ P.84

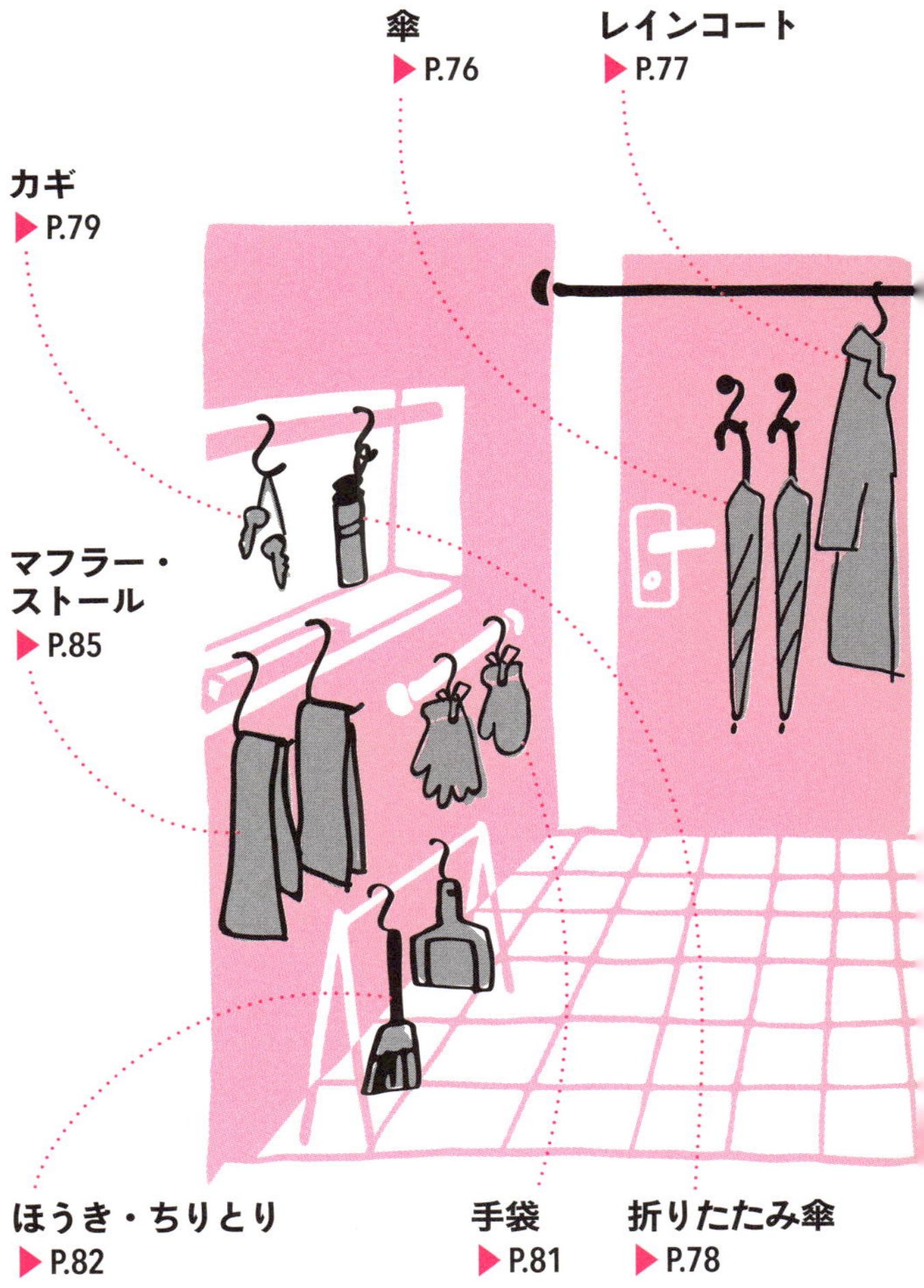

傘
▶ P.76
レインコート
▶ P.77
カギ
▶ P.79
マフラー・
ストール
▶ P.85
ほうき・ちりとり
▶ P.82
手袋
▶ P.81
折りたたみ傘
▶ P.78

ねじれタイプも使えるね

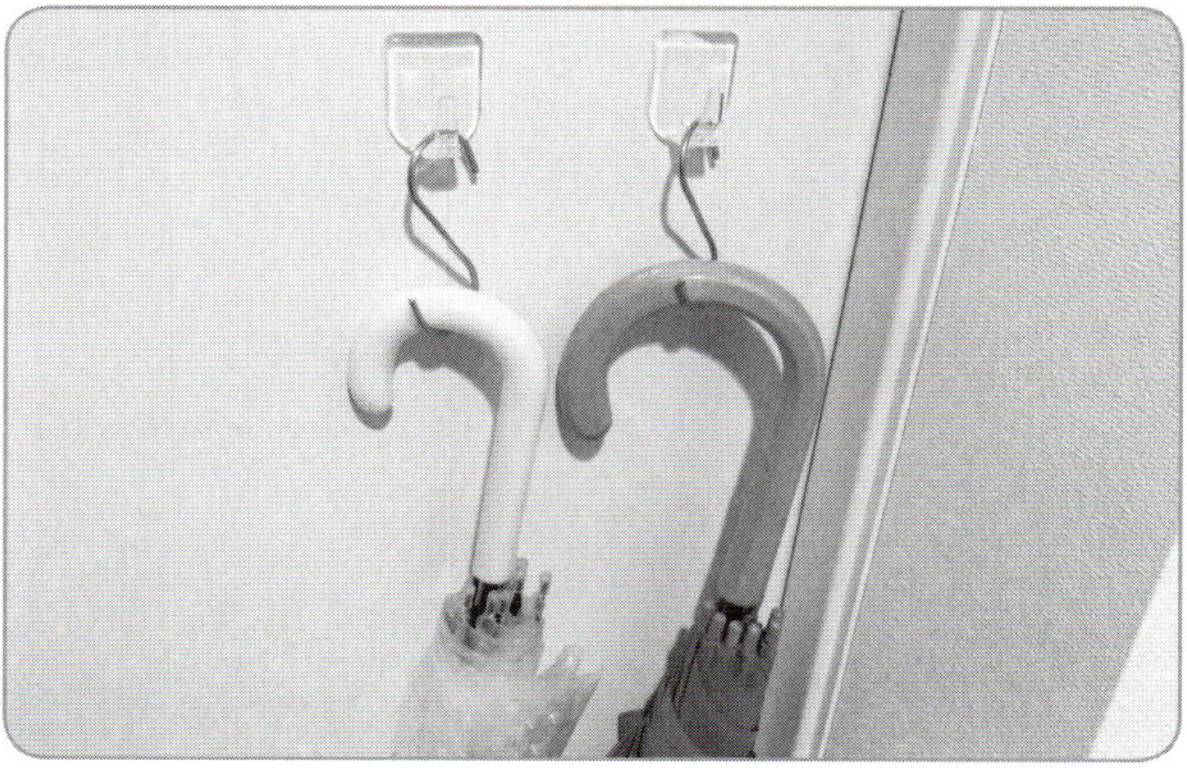

ドア裏に傘を吊るせば場所をとる傘立てが不要

玄関に傘立てを置くスペースがない場合、活用したいのが玄関ドアの裏。**壁用の透明なフックやマグネットフックをペタッと貼り付けて、S字フックをかけます。**これなら柄が太い傘でも吊るせます。傘立てが不要なうえ、雨の日にすぐに持ち出せて便利。

これを使おう

ベーシック
S

ねじれ
S

ぬれたレインコートを室内に入れずドア裏で干す

雨にぬれたレインコートは室内に持ち込みたくないもの。玄関上部につっぱり棒を設置してS字フックをかけ、物干しにします。そうすれば**雨にぬれたレインコートを玄関で脱いで、そのまま玄関で干しておけます。**扉の上は普段あまり視界に入らないため、つっぱり棒は取り付けたままでも目立ちません。

これを使おう

ベーシック
S

バッグの中に
入れっぱなしとはさようなら

シュークローゼットに折りたたみ傘を吊るす

傘立てには入れづらい小さな折りたたみ傘は、収納場所に困りがち。玄関の**シュークローゼット内などにつっぱり棒を設置して、折りたたみ傘に付いているひもをS字フックに吊るして**おきましょう。何本でもスッキリ収納することができ、出かける時はサッと取り出せます。

これを使おう

ベーシック S

ミニサイズ S

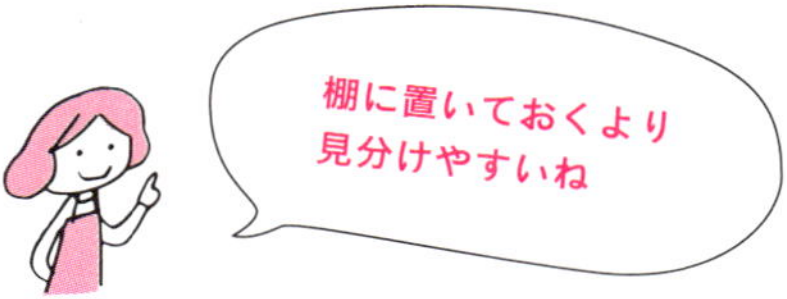

カギは玄関に置き場を作り なくしてしまうのを防ぐ

外出直前に慌てて、「カギがない！」と探したことはありませんか？　大切なカギは置き場所をきちんと決めておきたいものです。ちょっとしたスペースがあれば、**つっぱり棒にS字フックをかけて、カギ置き場にできます。**これで小さな自転車のカギや家族共有のカギも行方不明にならずにすみます。

これを使おう

ベーシック
S

ミニサイズ
S

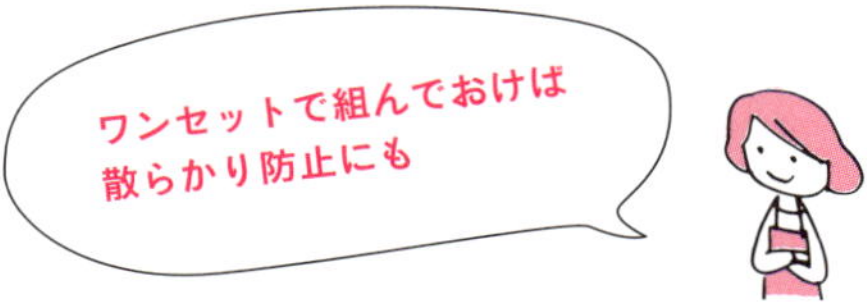
ワンセットで組んでおけば
散らかり防止にも

ブーツは吊るして型崩れ防止&風通しよく

床置きすると、クシャッと折れて型崩れしてしまいやすいブーツ。**S字フックとピンチ（洗濯ばさみ）を使って吊り下げ収納をすると、キレイな形のままキープ**できます。長時間歩いて蒸れたり、雨にぬれたりしても、風通しのいい状態になるので、臭い対策にもなります。

これを使おう

ベーシック
S

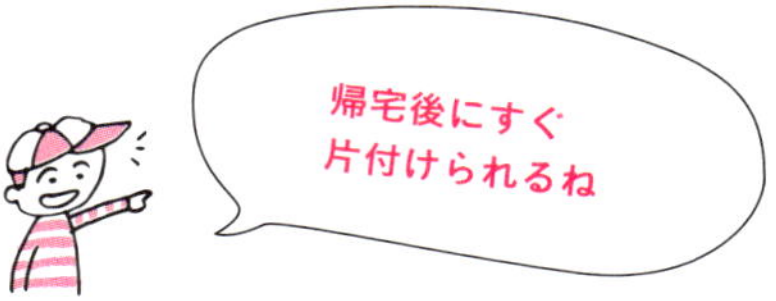

クリップ付きフックで手袋をワンセットに

冬の必需品・手袋は、ひと組にして玄関に吊るして収納するのがベスト。片手が迷子になったり、出かける時間に遅れたりしてイライラしてしまうのを防ぎます。**クリップ付きフックで両方の手袋を挟んで、**ウォールバーなどに吊り下げておきましょう。雪でぬれてしまった時は片手ずつ吊り下げて乾燥させます。

これを使おう

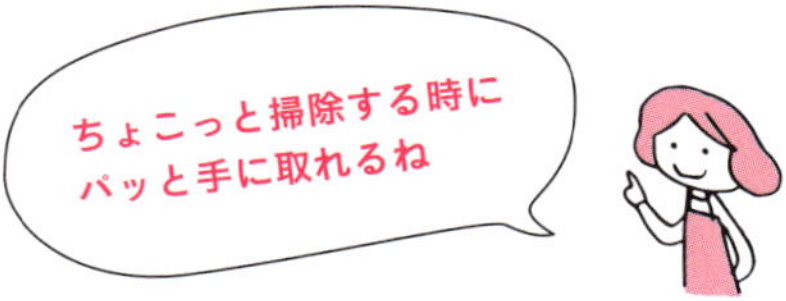
ちょこっと掃除する時に
パッと手に取れるね

ほうきやちりとりは目につく場所に出しておく

玄関周りやベランダなどの掃除に便利なほうきとちりとり。ほうきは地面に置くと、**毛先が曲がって傷んでしまうので、吊り下げておくのがベター**です。シンプルな色合いのほうきとちりとりなら、玄関先などにあってもおしゃれ。毎日視界に入ることで、自然と掃除をする習慣がつきます。

これを使おう

ベーシック S

愛犬のお散歩グッズは玄関にひとまとめ

お散歩の時に使う愛犬用の首輪やリード、洋服、おやつなどを入れたバッグといったグッズは、意外とかさばるものです。散歩は毎日のことなので、グッズを**玄関にまとめてかけておくと便利で見た目もスッキリ。**すぐに出かける準備が整ううえ、忘れ物もしにくくなりますね。

これを使おう

ベーシック S

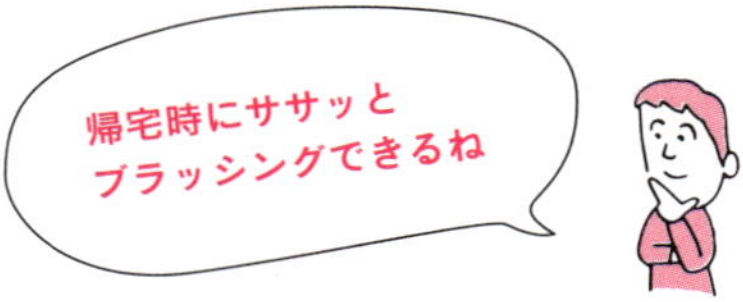

シューケア用品をラダーラックに吊り下げ

お気に入りの靴をいつでも手入れできるように、シューケア用のブラシは出しっぱなしにしておきましょう。ブラシはおしゃれなデザインのものが多いので、インテリアにもなります。**ラダーラックやウォールバーなどに吊るすとちょうどいい高さになります。**

これを使おう

ベーシック
S

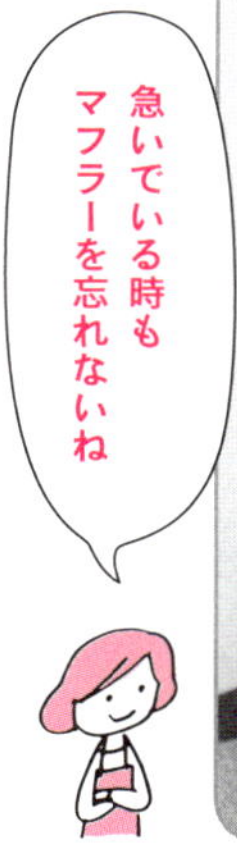
急いでいる時も
マフラーを忘れないね

マフラーやストールは大きめS字フックにかける

出かける直前に身につけるものは玄関に置いておくと便利です。シューズボックスのへりに強粘着の両面テープや接着剤で角材を固定し、S字フックをかけます。そこにマフラーやストールを吊るすだけ。マフラーは**厚みがあるので、片側のカーブが大きいタイプのS字フックを使います。**

これを使おう

片側が大きい

PART 6

子ども部屋 ベビーベッド周り

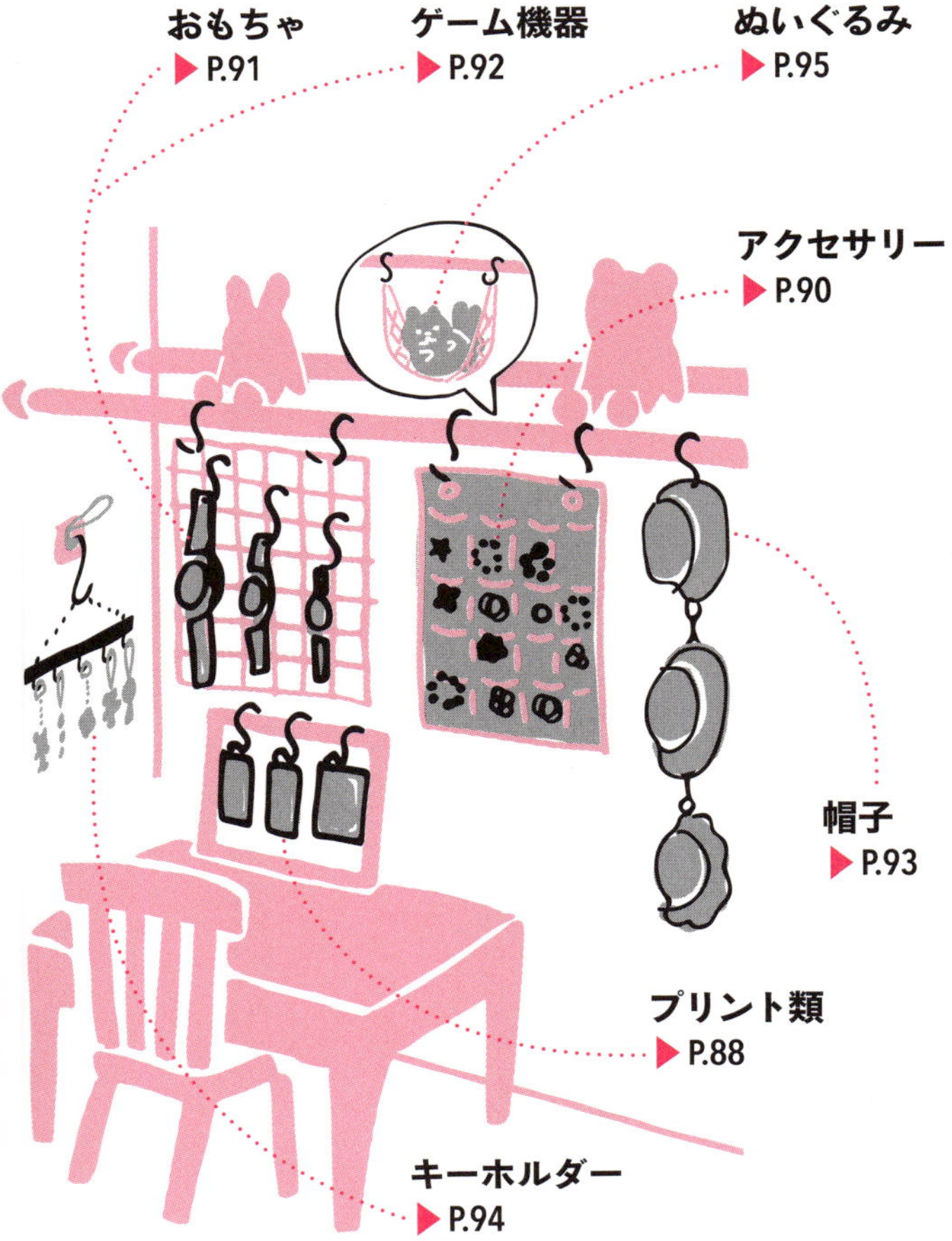
おもちゃ
▶ P.91
ゲーム機器
▶ P.92
ぬいぐるみ
▶ P.95
アクセサリー
▶ P.90
帽子
▶ P.93
プリント類
▶ P.88
キーホルダー
▶ P.94

抱っこひも
▶ P.97

子ども服
▶ P.89

おむつ類
▶ P.96

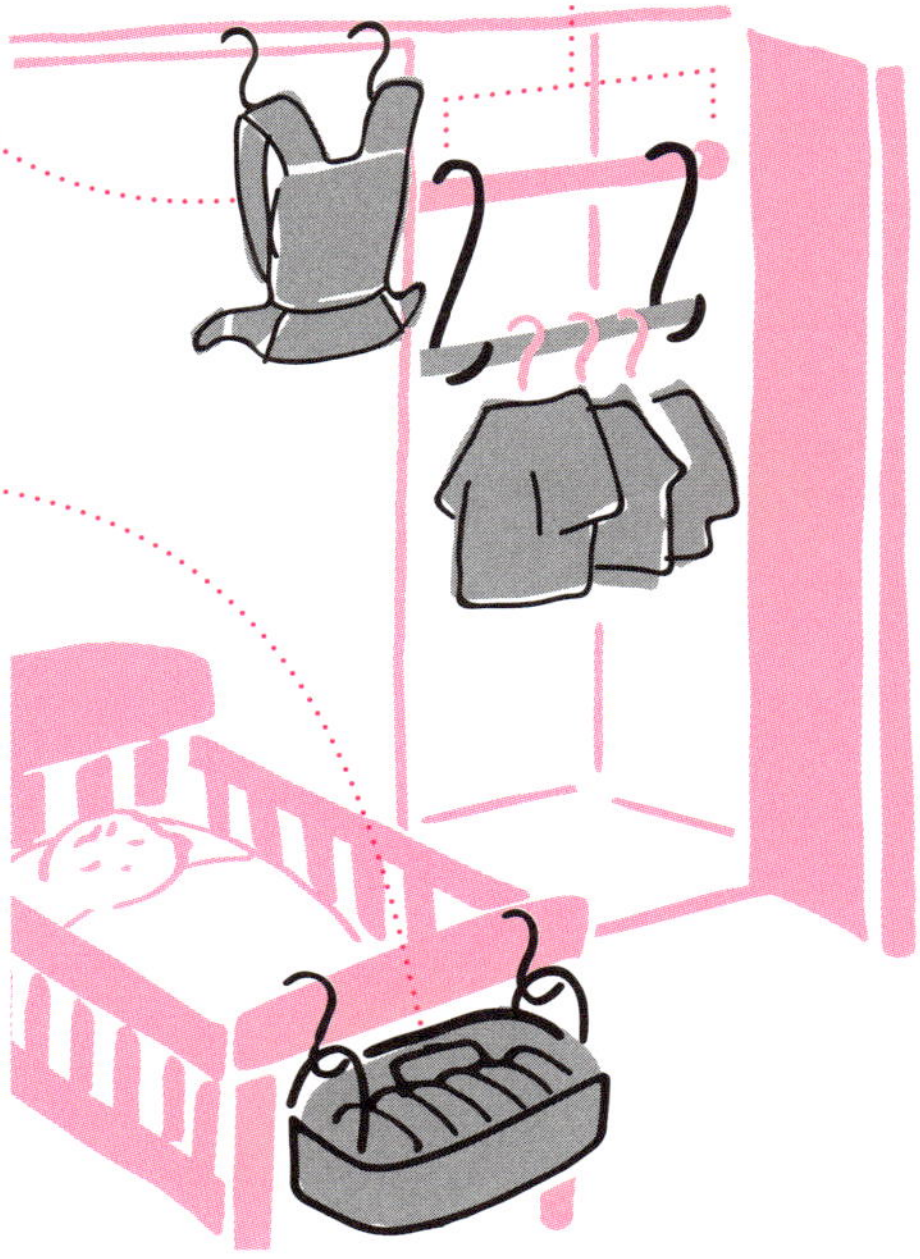

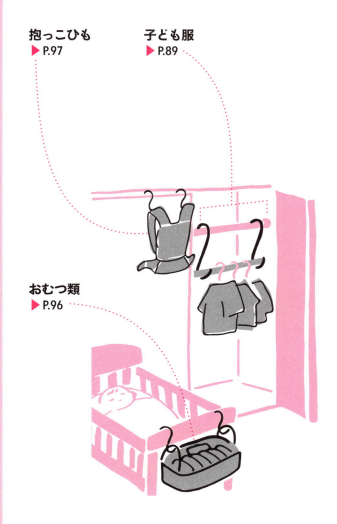

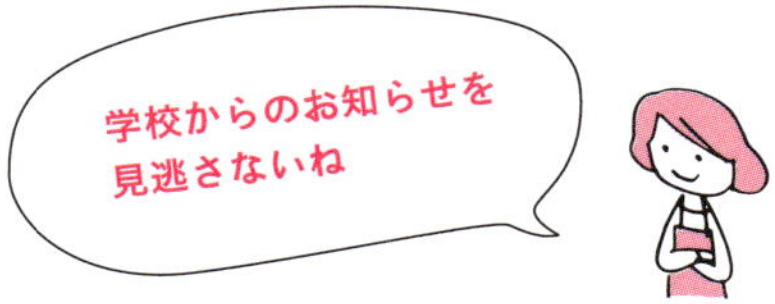

たまりやすくなくしやすい
プリント類の整理に

学校のプリントや手紙、大切な写真など、なくなっては困る紙類は**クリップ付きフックで留めて、コルクボードにかけておきます。**書面をパッと見ることができて分かりやすいと同時に、各クリップの束が外しやすいから、常に見直して、古くなったものから整理していくことができます。

これを使おう

クリップ付き

写真：miu

子どもの身長に合わせて洋服を取り出しやすく

ポールにロングタイプのS字フックを引っかけ、つっぱり棒を設置。そうすることで**低い位置に洋服をかけられ、子ども自身で服の出し入れがしやすくなります。**成長に合わせてつっぱり棒の高さは調節できます。つっぱり棒と**S字フックは輪ゴムで固定する**と外れにくくなります。

これを使おう

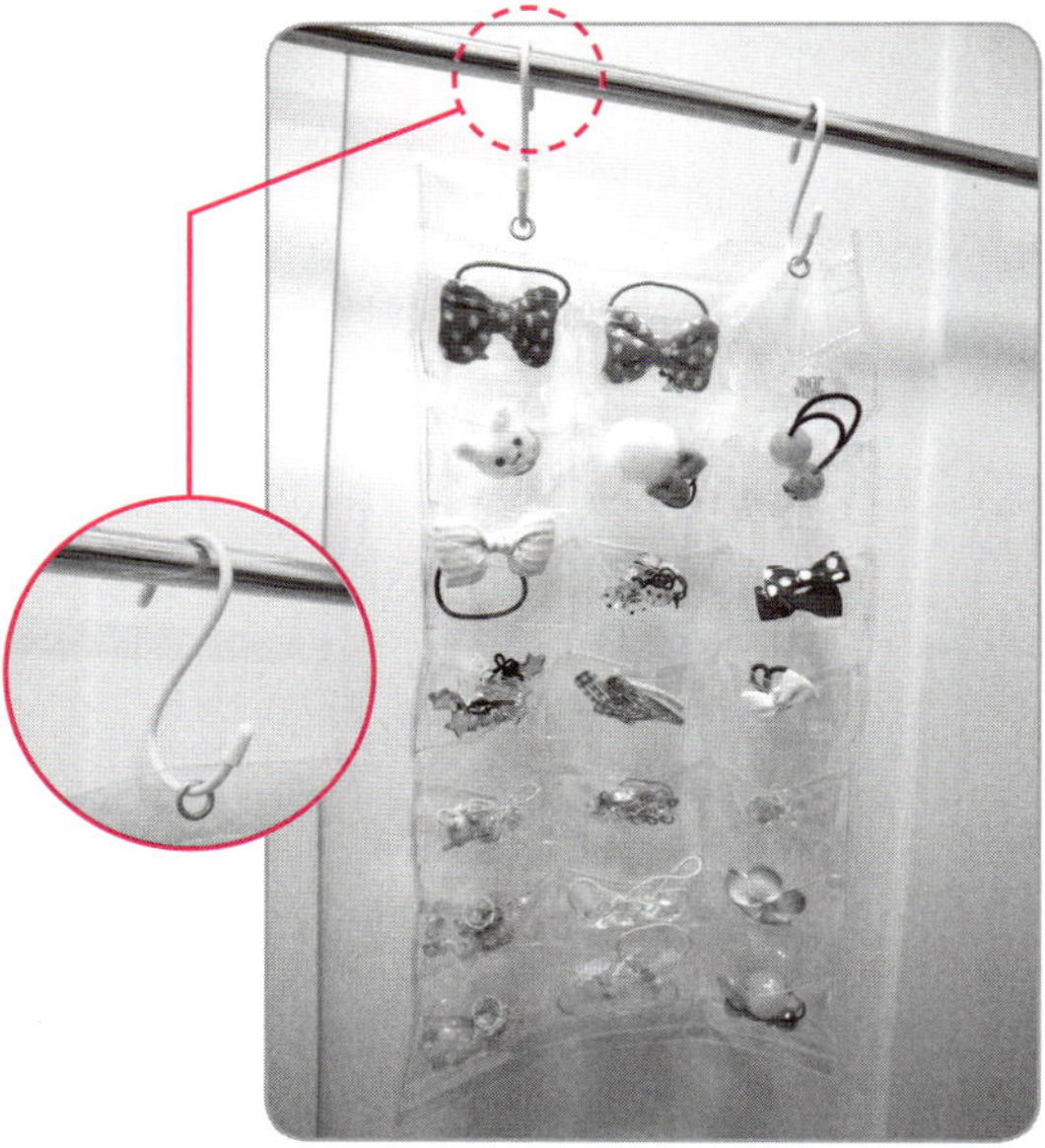

アクセサリー類は見える収納で選びやすく

クローゼットのポールなどに、**クリア素材のウォールポケットをS字フックで吊り下げます。**各ポケットに、ヘアゴムやピン、シュシュなどのヘアアクセサリーを入れておけば、その日のファッションに合わせて使いたいものをすぐに取り出せて便利。使い終わったらすぐにしまえるので、紛失も防げます。

これを使おう

ベーシック
S

写真：m'm

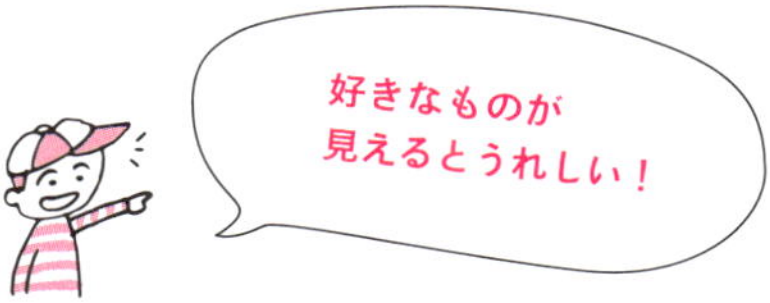

大きくて長いおもちゃは ワイヤーネットにまとめる

戦隊ものの武器や変身ベルトなど、大きくて長さのあるおもちゃは吊り下げ収納がおすすめ。壁面に**大きめのワイヤーネットを下げてS字フックで吊るします。**こうしておくことで片付けやすくなります。ワイヤーネットの代わりに有孔ボード（多数の穴があいた板）を使ってもOK。

これを使おう

ベーシック
S

放置しがちなゲーム機器を壁面収納でお片付け

コントローラーなどのゲーム機器は、使い終えた後、置きっぱなしにしがちです。ワイヤーネットに、**使い終わったら戻す指定席を作りましょう。**ポータブルゲーム機はワイヤーネット用のカゴの中に入れます。コントローラーは大きめのS字フックを2つ使い、直接引っかけます。

これを使おう

ベーシック S

写真：うっちー（@baystarsxx）

上の子と下の子でチェーンを分けても

帽子は縦に吊るせば省スペースで手が届く

ドアかけ用フックに、チェーンをかけ、さらにチェーンの数カ所にS字フックをかけて帽子を吊るします。子ども部屋の扉やクローゼットのドアなどに、複数個の帽子がかけられ、デッドスペースを有効利用できます。**S字フックの位置は、子どもの身長に合わせて帽子を取りやすい高さに**しましょう。

これを使おう

ドアかけ用

ベーシック S

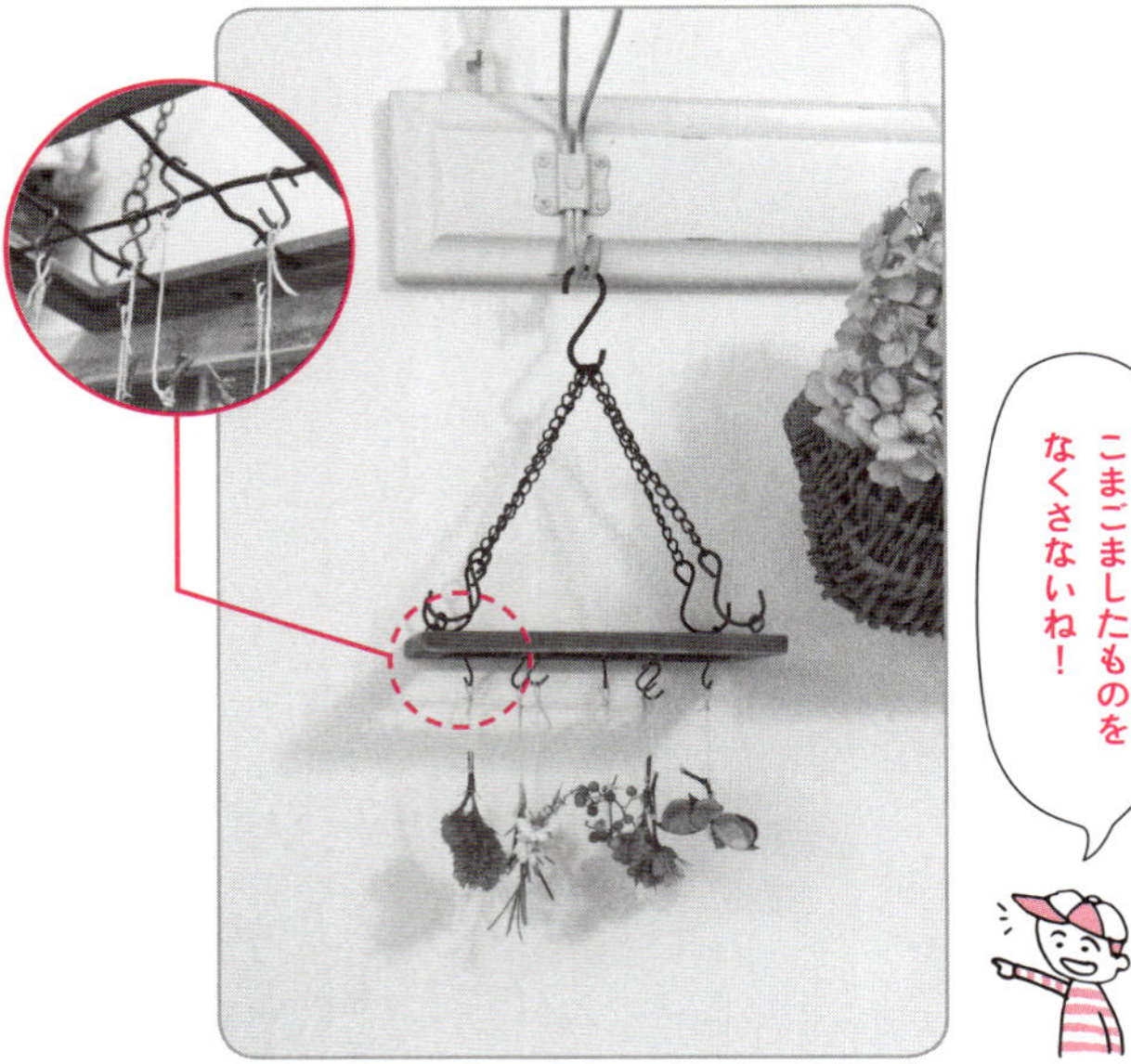

キーホルダーや小物はまとめて壁に飾る

ストラップなどを壁に飾ることができる「ハンギング」を手作りします。**木製フォトフレームにワイヤーを渡し、S字フックを5～6個引っかけます。**フレームの上部にもS字フックやチェーンを付けて壁に吊り下げれば、飾りを兼ねた小物収納雑貨として大活躍です。

これを使おう

ミニサイズ S

写真：奥野敦子　Ameba Blog「ほっこりシアワセ時間」

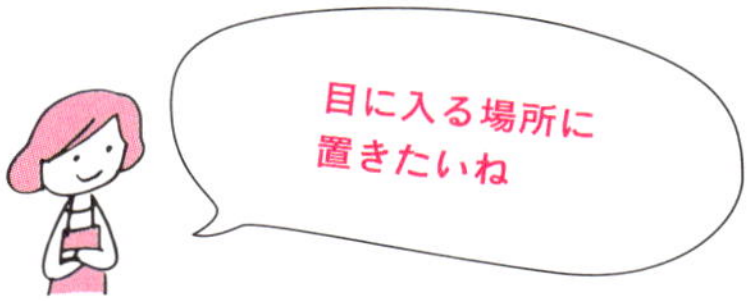

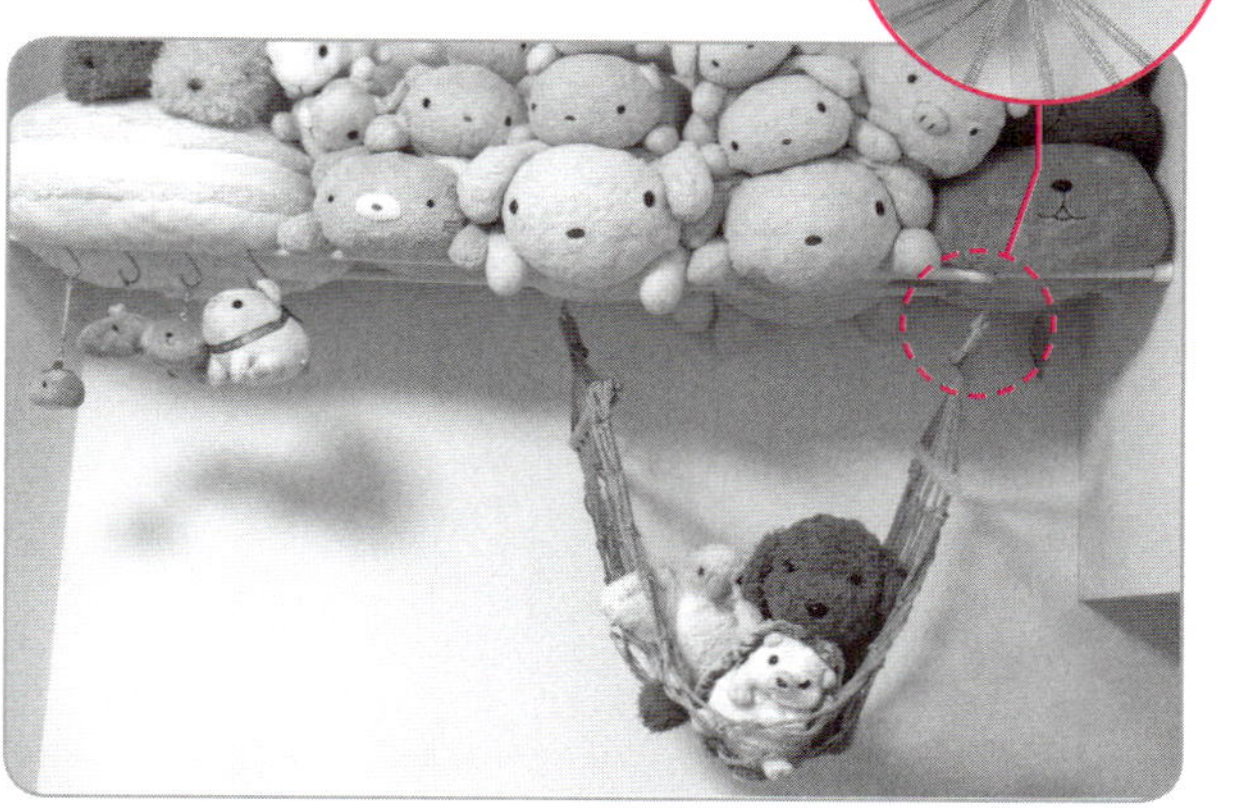

ぬいぐるみ置き場は天井付近に作る

ぬいぐるみが好きな子の場合、困ってしまうのがぬいぐるみの置き場所です。そんな時は天井近くの空間につっぱり棒を3〜4本固定し、ぬいぐるみを置いたり、**S字フックでぬいぐるみを吊るしたりすれば解決。S字フックでハンモックを付けても可愛く飾れます。**

これを使おう

ベーシック
S

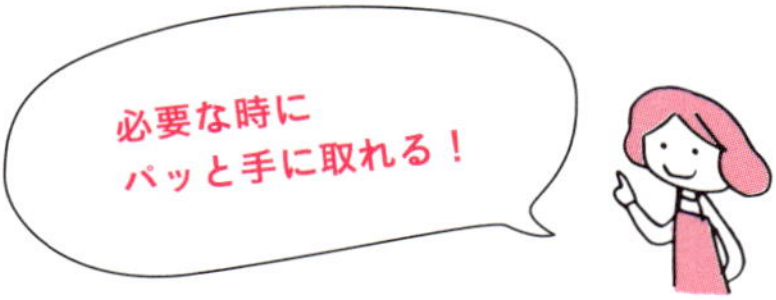

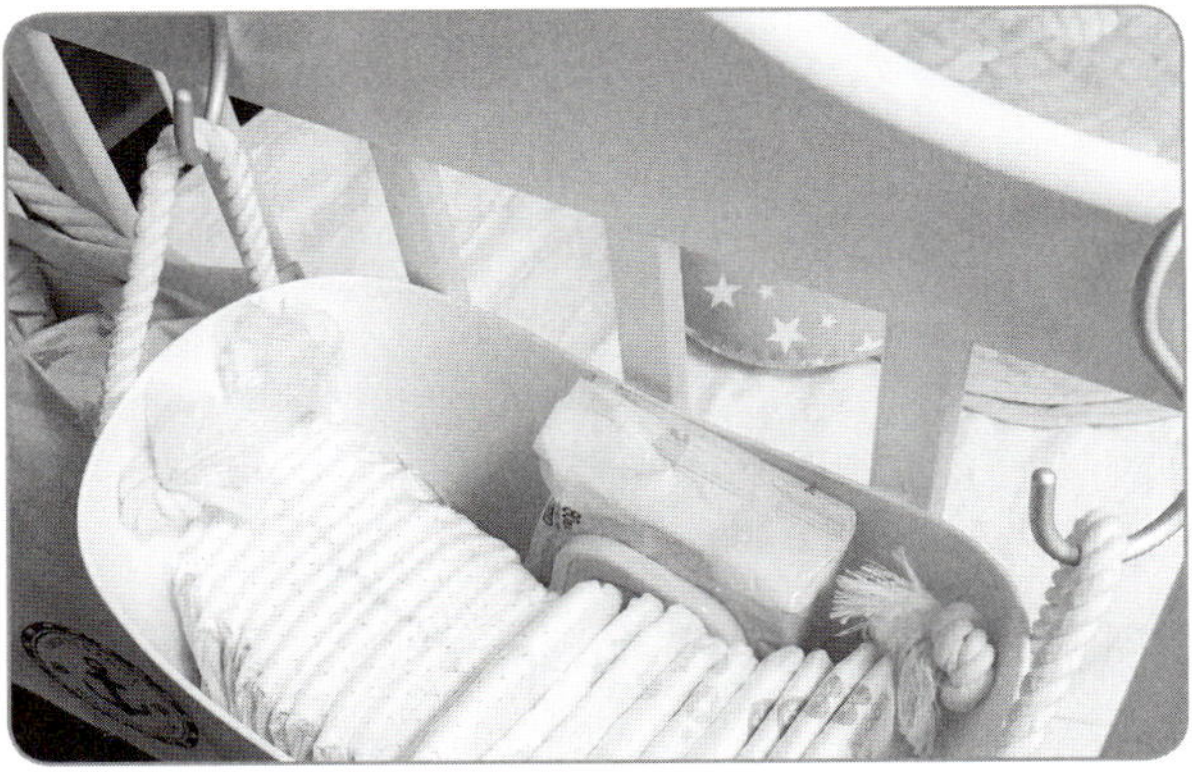

赤ちゃんまわりの小物は ベビーベッドのそばに

赤ちゃんのお世話に欠かせない紙おむつやおしりふきは、ひとまとめにして収納するのが鉄則。**ベビーベッドの柵に、S字フックを引っかけてバスケットを取り付けます。**バスケットがなければ、トートバッグでもOK。持ち手を広げた状態で、S字フックに吊り下げます。

これを使おう

ベーシック S

写真：kaz（RoomClip／Room No.1156307）

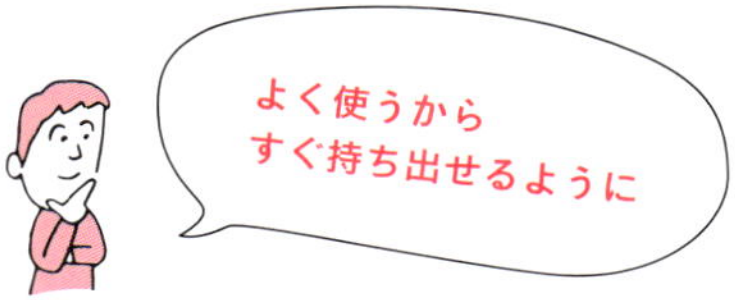
よく使うから
すぐ持ち出せるように

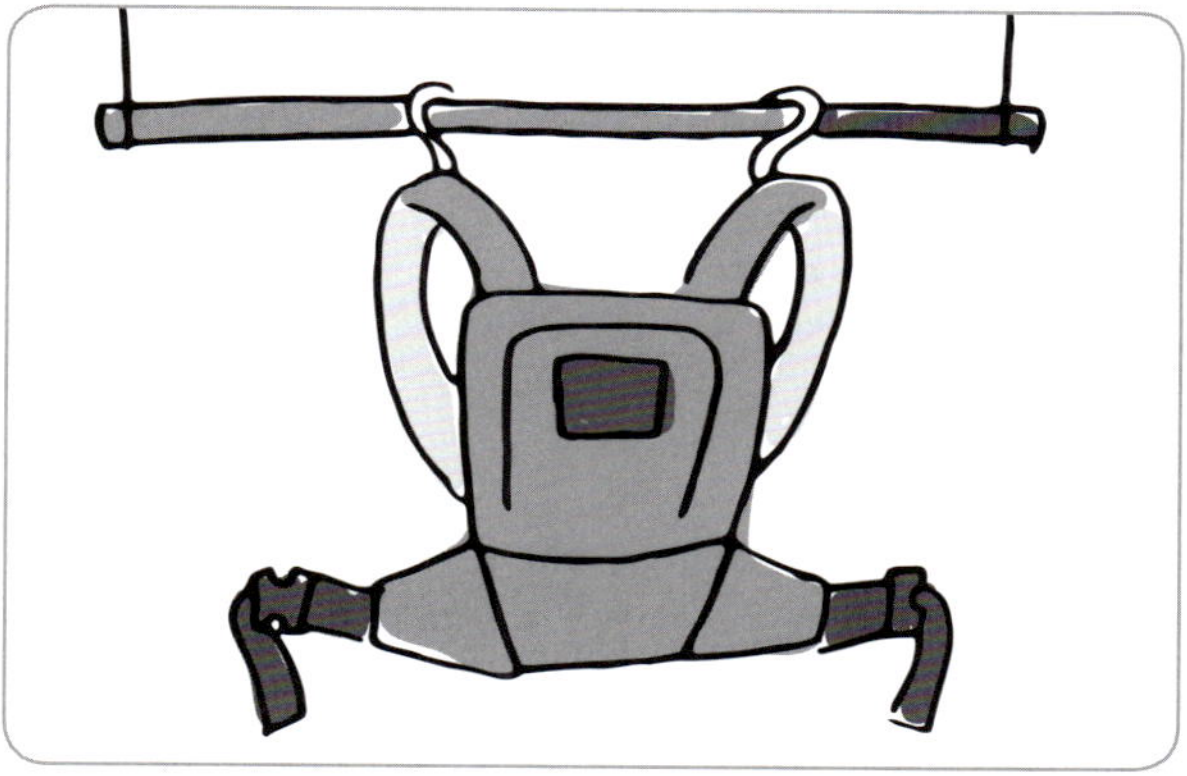

子育てのストレスを減らす 抱っこひもの置き場所

子育て中の必需品、抱っこひもやおんぶひもはS字フックで吊るすと、使い勝手がよくなります。**抱っこひもなどは肩にあたるベルト部分の幅が広いので、太くて大きめのS字フックを使う**のがおすすめです。持ち手付きのカゴの中に入れて、それを吊り下げておいてもよいでしょう。

これを使おう
ベーシック
S
片側が大きい
S

特集

インテリア系

人気ブロガーに聞く

S字フック
使い方のコツ

北欧インテリア＆収納のカリスマ
「めがねとかもめと北欧暮らし。」
MIさん

布小物のハンドメイド作家
「yasumin's cafe*」
yasminさん

「１日１捨て」のゆるミニマリスト
「うらうらな日々。」
みしぇるさん

「めがねとかもめと北欧暮らし。」MIさんの

北欧テイストな使い方

ここがポイント！

インテリアとして「あえて」見せる収納

スッキリ見せるため安定感あるものを

色は基本シルバーで差し色にゴールド

見せる収納でおしゃれに演出

私が収納に興味を持ったのは、子どもたちが幼稚園に通っていた頃です。我が家は当時から共働きなので、仕事から帰宅すると、まずは散らかった部屋を片付けることから始めなければいけませんでした。そして部屋が片付いた後に夕食を作り始めます。

毎日クタクタで、このままではいけないと思ったんです。夫も「自分や子どもたちでできることはやるよ」と声をかけてくれて、ひとりで頑張らなくてもいいと思うようになりました。それで、戻しやすく取り出しやすい、極力簡単な収納を考え始めました。

我が家では「あえて」見せることを考えてS字

MIさんお気に入りの「横ブレしにくいフック」。「横ブレしにくいS字フック」と比べ、カーブの大きさに差があり、先端が細い

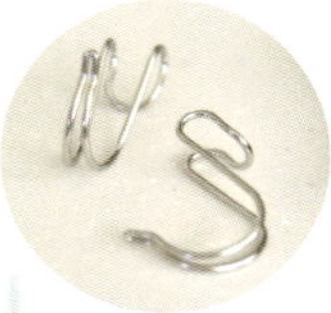

ダイニングにお気に入りのブラシをさりげなく吊るす

フックを利用しています。よく使うのは無印良品の「横ブレしにくいフック」。シルバーのシンプルなもので、インテリアによく馴染むところがお気に入りです。

このフックの特長は、片方のカーブがきつくなっていて、落ちにくいようになっていること。さらに二重になっていることで横ブレしません。普通のS字フックだと、あっちこっち向いてしまい、フックの方向がキレイに揃わないんですよね。「インテリアの一部として吊るしている」というよりは、「ほかに片付けるところがなかったから仕方なく吊るしている」という風に見えてしまうんです。

それから、普通のS字フックは、かけたバッグなどを取ろうとするとフックごと外れてしまうことがあります。それが使いづらく感じてしまい、

1 目に入る場所に掃除用具を吊るす

2 ゴールドのフックでオブジェを飾る

横ブレしにくいフックをメインに使うようになりました。

色によっても使い分ける

S字フックは、主にリビングとキッチンで活躍しています。北欧雑貨のお掃除用ブラシは見た目も可愛くてオブジェになるので、ダイニングにS字フックで吊るしています。また、100円ショップなどにあるゴールドのS字フックは差し色として使います。観葉植物にオブジェを吊るす時などに使うと、ワンポイントになりますよね。

キッチンでは、よく使うものや使用後にしっかり乾かしたいもの、気に入っている調理器具・小物類を吊るしています。以前、乾ききる前のザルを引き出しに片付けてしまったことがあるんです

③ ファイルボックスのフチに調理小物を収納

④ 洗濯ネットは袋に入れてランドリーラックの脇へ

が、気がついたら周りに置いていた木製の調理用具にカビが生えてしまっていたんです。それ以降ザルは風通しのよい場所に吊るしたままにするようになりました。

物を少なくしたいと思っている人からすると、我が家は物が外に出ているし、多いほうだと思います。でも、S字フックを使って、「あえて」見せる収納をすると、物が出ていても散らかった印象になりづらくなりますよ。

MI
北欧のインテリアや収納に関する著書『めがねとかもめと北欧暮らし。』(宝島社)があるほか、複数のwebサイトで連載を持つ。夫と子ども2人との4人暮らし。

めがねとかもめと北欧暮らし。➜ https://ameblo.jp/61680318/

「yasumin's cafe*」yasuminさんの

ナチュラリストな使い方

ここがポイント！

見えるところでは自分好みの見た目に

状況に合わせて引っかける場所を移動する

隠れる場合は実用性を重視

部屋に合わせS字フックもおしゃれして

我が家は、私が布モノ作家として日々製作を行うため、リビングの半分を作業スペースにしています。そこにはミシン台やPCデスク、ストックしている布や糸を納める棚などがあり、ほとんどが自分で作ったものです。

そこにS字フックで下げているものは、自作のペンダントライトや、メモ紙を挟んだバインダー、PCデスク下に自分で取り付けたスチールカゴ。私は、ナチュラルテイストのインテリアに馴染むように、何でも自分好みに手を加えるのですが、S字フックも同じです。両面テープを貼り、ハギレをリボン状にして巻きつけ、簡単リメイクをしています。それだけで部屋を飾る演出小物に

本棚などの棚類、ミシン台などの家具はナチュラルテイストで、すべて手作り

小花やリバティ柄のハギレを巻きつけおしゃれに

なります。プラスチック製品などをそのまま使うと、どうしても雰囲気を壊してしまいますから。

S字フックは、引っかけるところさえあれば、場所を気軽に移動できるところがメリットですね。例えばドライフラワーを作るため、カーテンレールに下げて日に当てる時も、日の傾きに合わせて徐々に移動させます。また生活や仕事のことで、私はよくメモをとりますが、メモ帳のバインダーもメモをとる場所によって吊り下げ位置は変わります。どこに吊るしても、平たく置くより場所をとらないのがいいですよね。

子ども部屋では「外れない」ものを

逆に、S字フックを動かないように固定させると便利、という場合もありますよね。長男の部屋

yasuminさんのS字フック活用術

1 S字フックでカゴを吊り デスク下に収納を作る

2 メモ用紙を挟んだ バインダーを吊り下げる

のクローゼットには、ポールの直径ぴったりのサイズの外れにくいS字フックを付けました。

子どもって、帰宅すると持ち物を全部床に置いてしまって、部屋が散らかるんですね。だからリュックや帽子はすべてクローゼットのS字フックに引っかけるように言っています。背の低い子どもの場合、フックがあっちこっち揺れたり、フック自体が細くて短かったりすると、重いリュックなどを吊るしにくいですよね。だから、外れにくく長くて太いS字フックが役立つんです。見えるところにはおしゃれしたS字フックを使いますが、隠れるところは実用性を重視してそのまま使っています。

ほかに私は、フックの2重使いをよく取り入れます。毎月オンラインショップで販売する商品を

③ ろうとで作ったライトをカーテンレールに吊るす

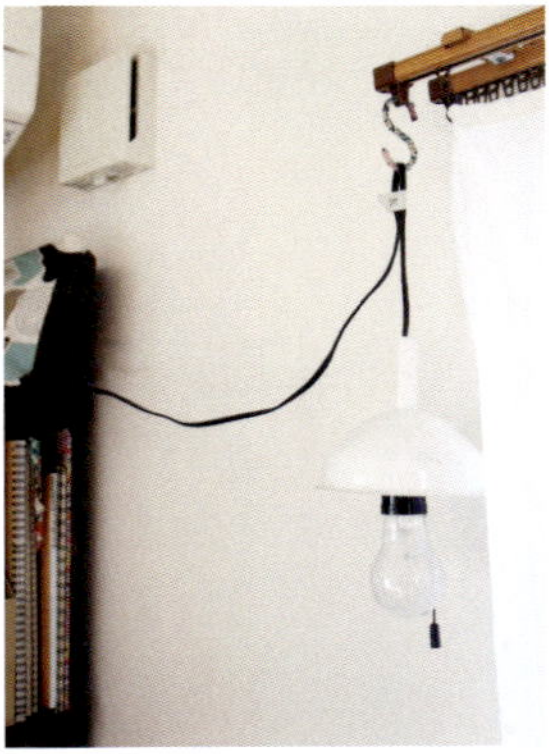

④ 子ども用クローゼットに長くて外れにくいフックを

自分で撮影するのですが、例えばバッグをフックにかけた時、布の柄が見えず向きが気に入らないことがあります。そんな時は、S字フックをひとつ間に吊るすことでバッグの向きを変えられるのです。PCデスク下に作った引き出しカゴもそうです。まずはハンガーフックを取り付け、そこにS字フックを2つかけてカゴを吊り下げています。フックの2重使いはいろいろなことを可能にするテクニックです。

yasumin

ハンドメイド作家としてオンラインショップを月1でオープン。インテリアコーディネーターの資格を持ち、賃貸DIYの達人でもある。2人の子どもの母。

yasumin's cafe* → https://unclejamy.exblog.jp

「うらうらな日々。」みしぇるさんの

ミニマリストな使い方

ここがポイント!

素材や質感をそろえて統一感を出す

最低限必要なものだけを吊り下げる

使わない時は片付ける

ワンアクションですぐに手に取れる

S字フックといえば、キッチンに吊り下げている長男のお弁当袋。平日は、早朝から長男のお弁当作りをします。すぐに手に取れる場所にお弁当袋を吊り下げておけば、ワンアクションで手に取れるので朝いちばんの作業をスムーズにしてくれます。「よし!」と1日のスタートを気持ちよく切れるのです。

週末はお弁当袋を使わないので、S字フックごと引き出しに片付けます。何でも下げっぱなしにせず、ものによっては使う時だけ出しておくことも。これが、スッキリするポイントですね。

キッチンのシンク下の扉には、ドアかけ用フックを使っています。スーパーの袋をゴミ袋にし

まさにミニマリスト的、スッキリ爽やかなキッチンの風景

て、料理をしながら生ゴミもポンポンとそこに捨て、夜には片付けます。シンクの中に三角コーナーを置かなくてよいので、掃除の手間も省けますよ。キッチンにはほかにもメジャーカップを吊り下げています。

玄関のクローゼットには子どもたちのバッグなどを吊るしています。それから、旅行には必ずS字フックをひとつ持っていきます。ホテルの部屋のバスルームに、メイク道具などを入れたポーチを吊り下げておくためです。

生活感が出るので使うものは厳選する

このようにS字フックは、毎日の作業を楽にするために使いますが、基本は「自分がステキだと思うもの」に使います。生活感が出やすいので、

みしぇるさんのS字フック活用術

❶ ゴミ袋をシンク下に設置して片付けを楽に

❷ 塾や学校の荷物は玄関のクローゼットに

何でも吊り下げることはしません。そして使うS字フックは、無印良品のアルミ製で統一しています。S字フックだけではなく、必要最低限の数だけ、好きなものだけで暮らしたいというのが私の考えなんです。

でも本来は、インテリアが好きで買い物も大好き。今とは違い、以前はものが多かったんですよ。転勤が多く引っ越しは5回くらいしたのですが、ある時1か月間、引っ越しの荷物が届かなかったことがありました。それを機に、生活に必要なものを見直すことができました。それまで「必要ではなかったもの」に囲まれていたことに気がついたのです。

私が提唱する「1日1捨て」は、ものが多くて「モヤモヤする」「どうにかしたい」と思っている

4 お気に入りの鍋敷きは棚の横に吊り下げる

3 毎日使うお弁当袋をキッチンの上に

人におすすめ。1日ひとつ、何でもいいからものを手放す方法です。そうすると、自動的に思考も整理されていきますよ。

ある程度、余分なものが整理できたらS字フックをひとつ手にとり、まずは自分の動きや生活を見直し「どこに使ったら楽になるかな?」と、考えてみてください。上手に使えば不必要なアクションをひとつ減らし、日々の暮らしが快適になるかもしれません。

みしぇる

アメリカ人の夫と3人の子どもの5人家族。不要なものと思考の「1日1捨て」を提唱するミニマリスト。『毎日すっきり暮らすためのわたしの家事時間』(エクスナレッジ)など著書多数。

うらうらな日々。➜ http://urauradays.blog.jp

S字フック
+
more

オリジナルを作っちゃおう

S字フックデコ術

ハギレを貼る

太めのS字フックに両面テープを巻きつけ、その上から、細く裂いたハギレを巻いていきます。

（写真：鈴木歩美）

毛糸を巻いて

巻き終わりの毛先は、巻いてきた糸にくぐらせ、ほつれないように。すべりにくいタイプのS字フックなら、ストッパーを外して、内側に毛先を入れ込みます。

（写真：cerise＊mam）

シュシュをワンポイントに

手持ちのシュシュを、S字フックに3〜4回巻きつければそれだけで華やかさUP！

マステをぐるぐる

マスキングテープを巻きつけてS字フックの色・柄をチェンジ。細めのテープが巻きやすいです。

番外編

1

収納だけじゃない

屋内でのS字フック活用術

干す

飾る

より快適

一時置き

お手軽DIY

防災

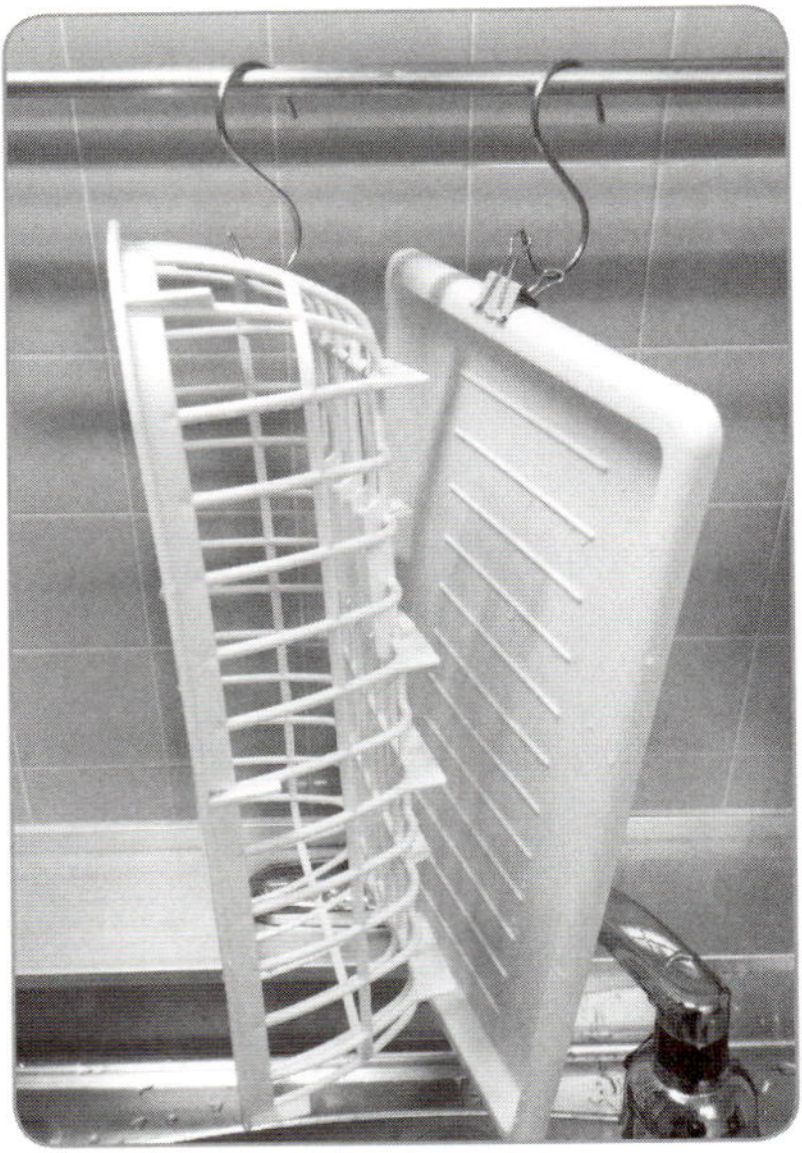

乾燥した水切りカゴは清潔で気持ちがいいね

洗った水切りカゴは風通しのいい状態に

プラスチックの水切りカゴは、水滴がついたまま置いておくとすぐにヌルヌルとしてきます。使い終わった後は、吊るして乾燥させましょう。シンク上の水切り棚にS字フックをかけ、**カゴは直接吊るし、トレーはダブルクリップに挟んで吊るします。**水がよく切れてぬめりが発生しづらくなります。

これを使おう

ベーシック
S

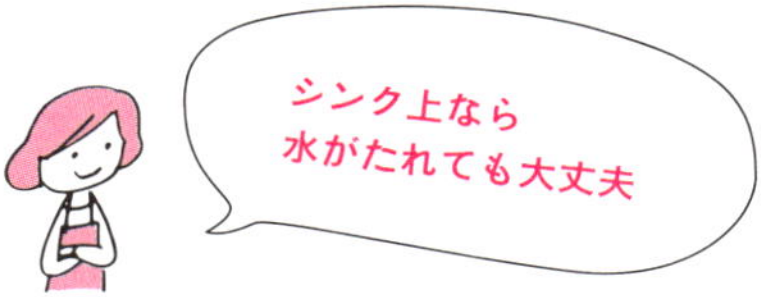

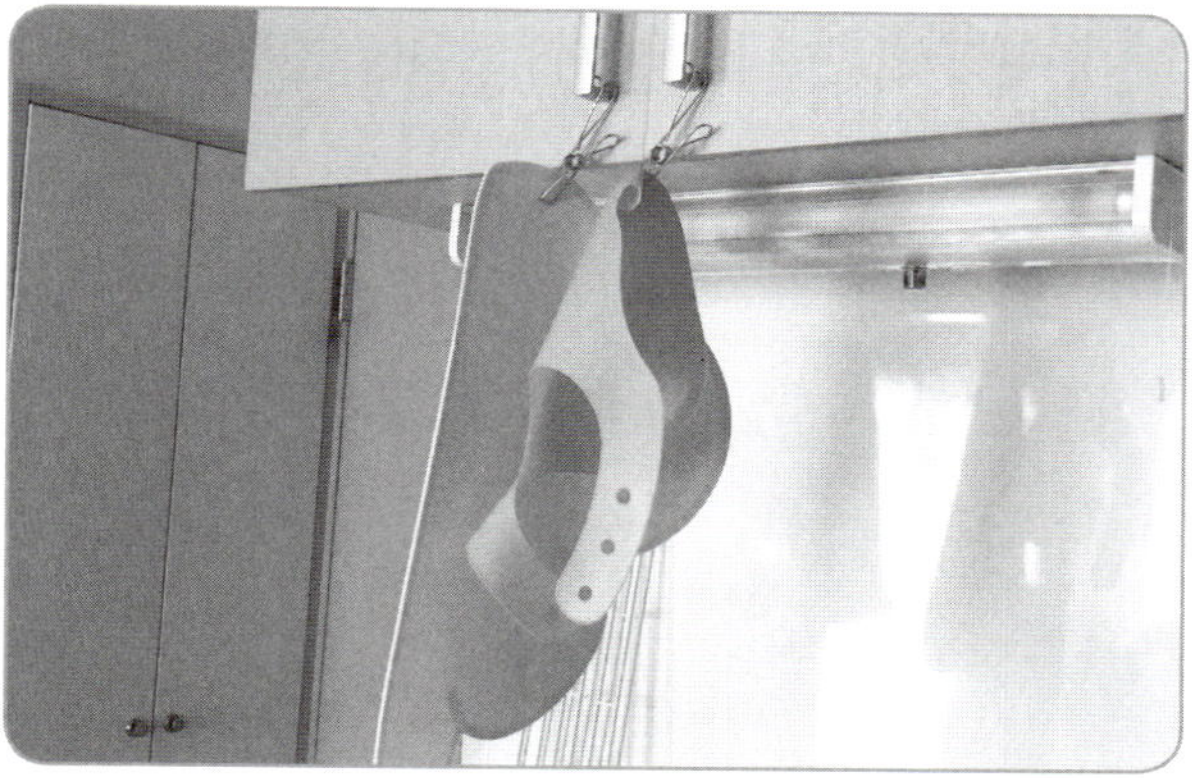

シリコンマットとエプロンの一時干し場に

水洗いした後の置き場に困る、子ども用のシリコン製ランチョンマットや食事用エプロン。一時干し場として、**吊り戸棚の取っ手に、クリップ付きフックで吊るします。**こうしておくとマットなどが丸まらず、すぐに水気が切れるので、時短にもなります。

これを使おう

クリップ付き

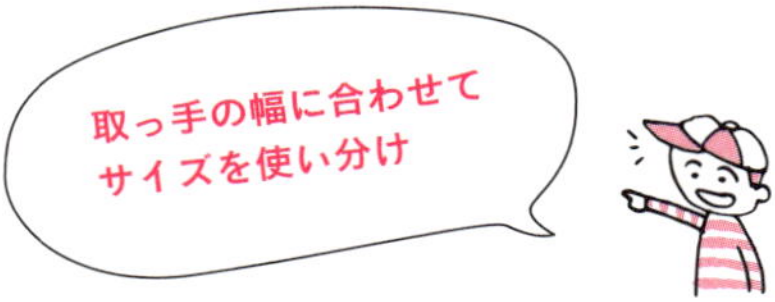
取っ手の幅に合わせてサイズを使い分け

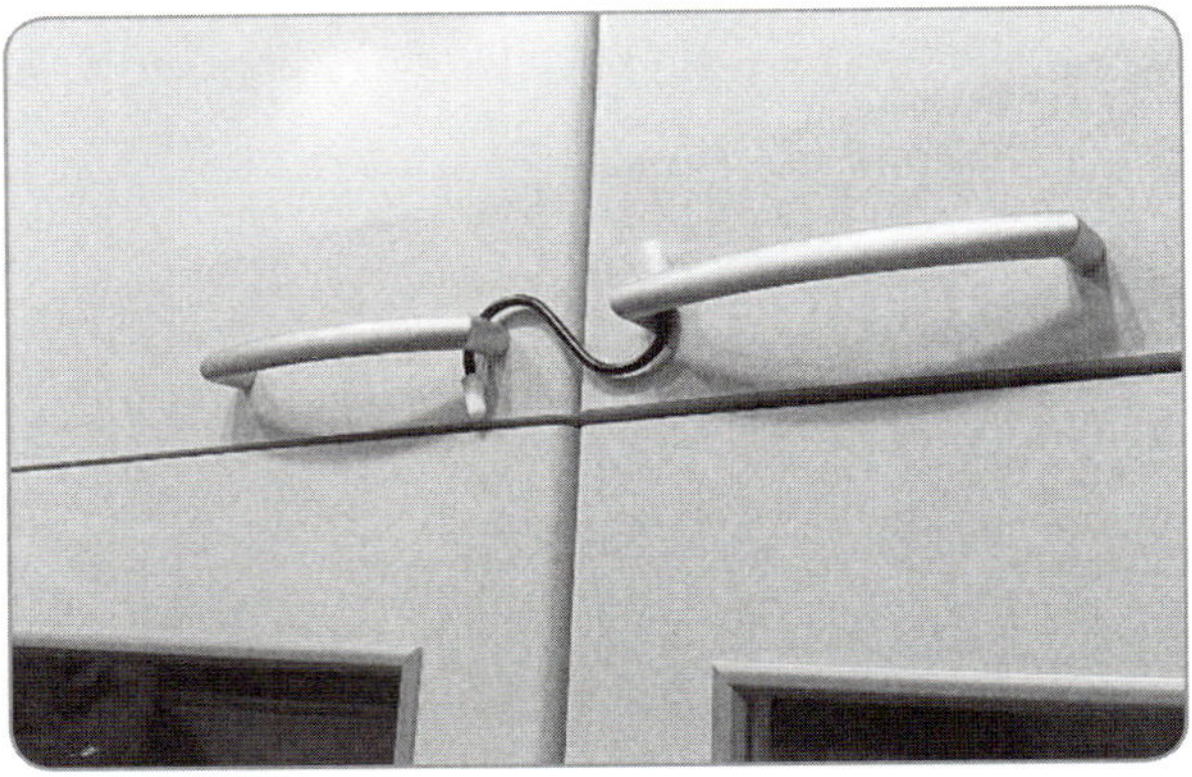

両開きの扉には地震対策として引っかけ

100円ショップやホームセンターなどで「キャビネットロック」が販売されていますが、実はS字フックでも代用可能。**取っ手のサイズにあったS字フックを引っかければ、**地震の際に扉が開いて食器が飛び出すのを防止できます。簡易的な方法ですが、いざという時の備えになります。

これを使おう

すべりにくい

お風呂でテレビ！気分はホームシアター

ポータブルテレビのスタンドを、**90度ねじれのあるS字フックを使って、**壁面に取り付けたフックから吊るします。浴室内に物干し竿がある場合は、そちらにかけてもOK。ロングタイプのS字フックならテレビが目の高さになります。長時間の半身浴を楽しんだり、お風呂嫌いの子どもを入浴させるのに大活躍。

音が響くから映画の迫力倍増!?

これを使おう
ねじれ
ロングねじれ

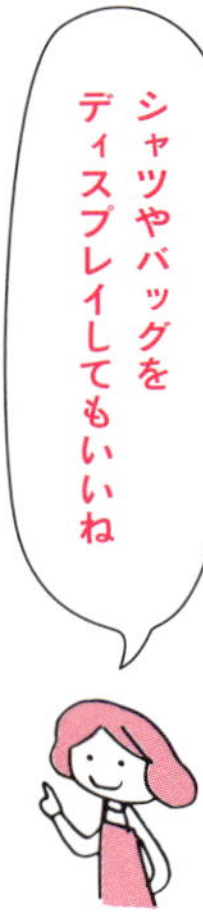
シャツやバッグを
ディスプレイしてもいいね

アイアンS字フックと流木を使って帽子を飾る

お気に入りの帽子ディスプレイには、アンティーク調のアイアンS字フックが使えます。流木を、天井フックを使って取り付けたり、棚から渡したりして、そこに**あえて長さが違うS字フックをかけます。**ディスプレイの高さに変化がつき、よりおしゃれに見えます。

これを
使おう
ロング

写真：友安製作所

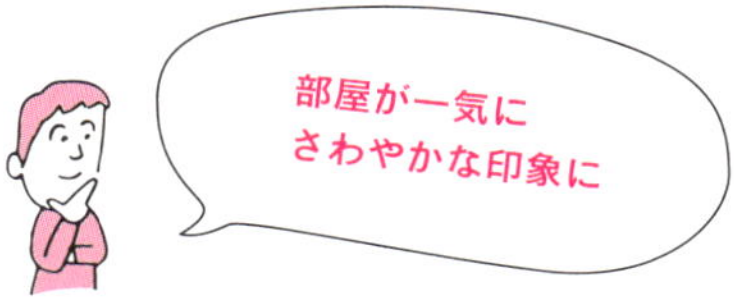

部屋を彩る観葉植物は浮かせて楽しむ

部屋に潤いを与えるグリーンは、棚や床に置くよりも、吊るして楽しむ家庭が増えてきています。カーテンレールやドアにS字フックを使って吊るすほか、ガーデニング用のハンギングポールにいくつか吊るしても。**S字フックは、ナチュラルな木製にするなど素材や色にこだわると、部屋とよく馴染みます。**

これを使おう

写真：友安製作所

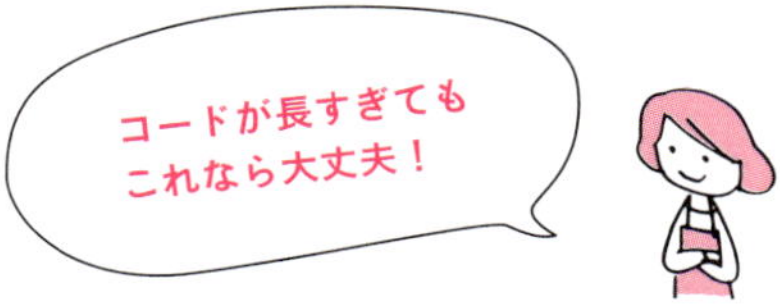

空間のアクセントになる照明の高さを調節

ナチュラルテイストのインテリアに欠かせないアイテムといえば、ペンダントライト。吊り下げる時は、アイアンS字フックを使うと雰囲気が出ます。**照明のコードを巻いて引っかけたり、**ライトがチェーン吊りの場合は**チェーンを延長するのに使ったり、**照明の高さ調節にもS字フックが役立ちます。

これを使おう

ベーシック S

写真：友安製作所

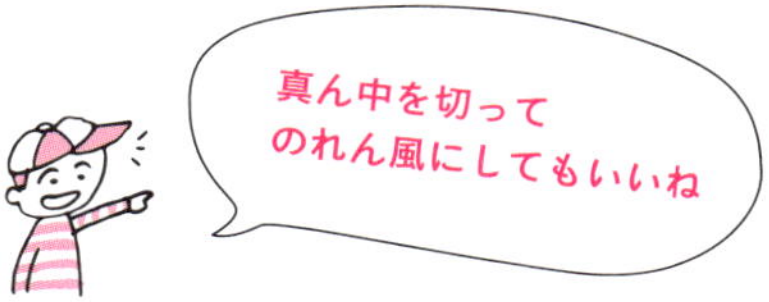

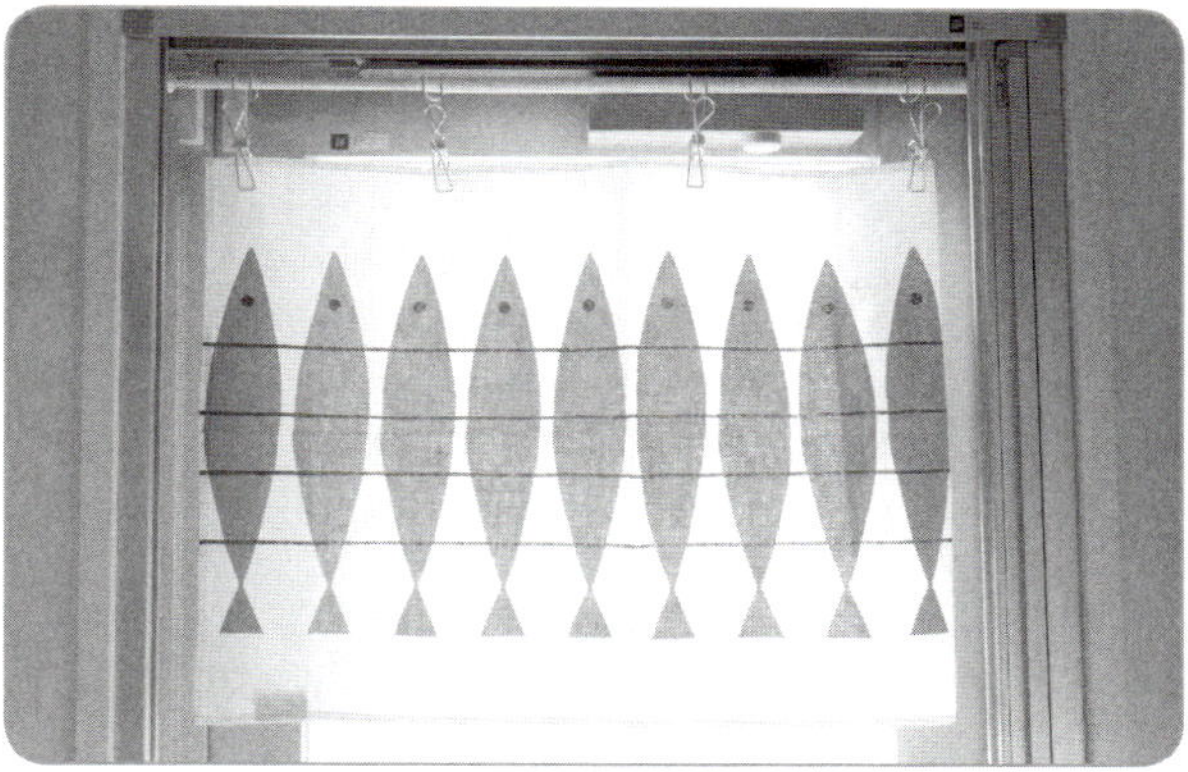

クリップ付きフックで目隠しカーテン設置

キッチンやリビングの小窓の目隠しに、好みのファブリックを吊るして簡易カーテンに。小窓につっぱり棒を設置し、クリップ付きフックをいくつかかけ、**ファブリックを挟んで留めるだけ。**季節や気分に合わせていつでも簡単にカーテンの模様替えができます。

これを使おう

クリップ付き

写真：SPOON HOME

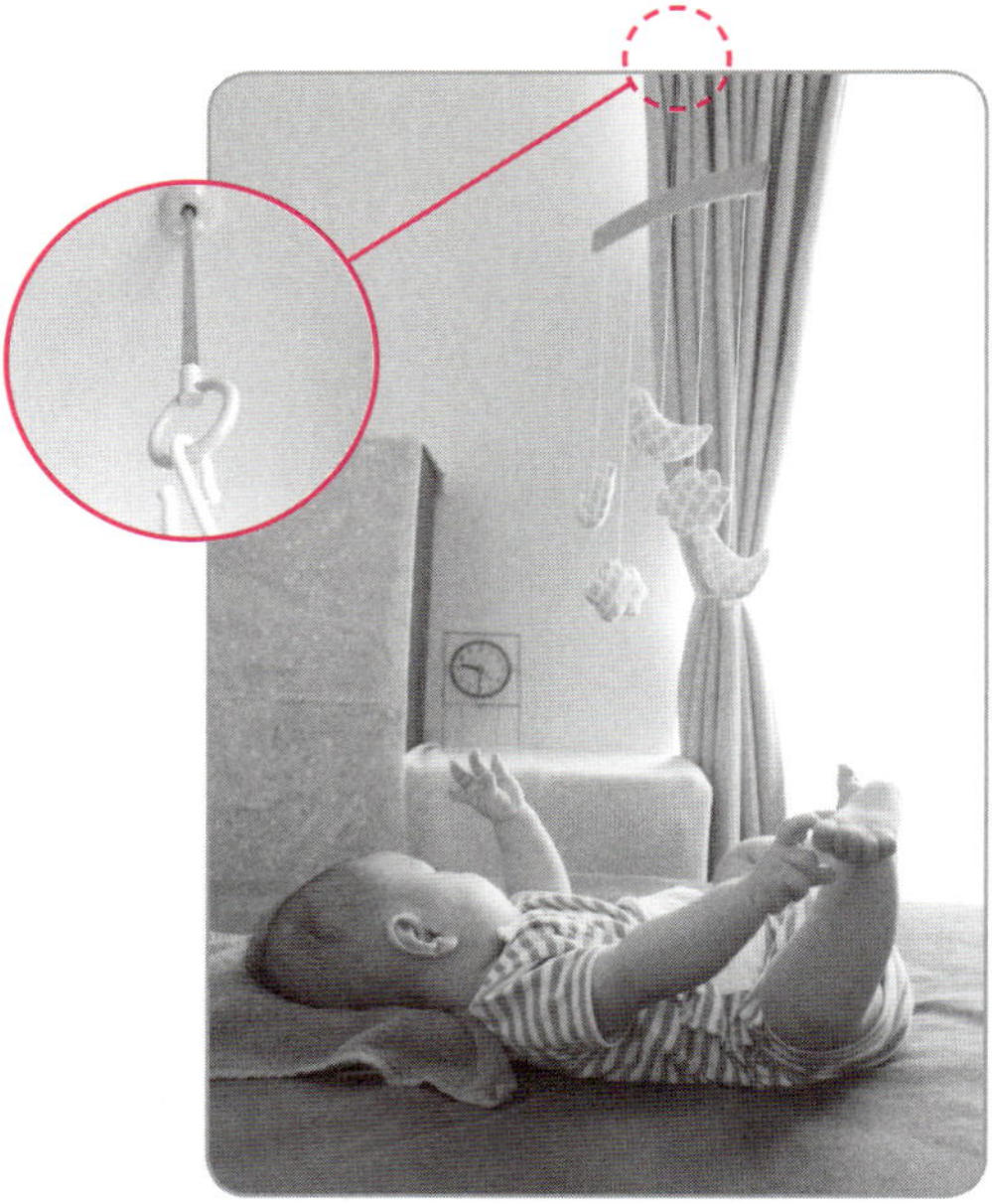

揺れるモビールをS字フックで吊り下げ

モビールの吊り下げ方は、部屋によっていろいろ。写真では、天井に室内物干し用リングを取り付け、そこにS字フックをかけてモビールを吊るしています。**つっぱり棒にS字フックを引っかける場合は、つっぱり棒が落ちないように**しっかりと固定しましょう。

これを使おう

ベーシック
S

写真：ベビーグッズの手芸キット専門店 nunocoto

ブレにくいS字フックなら持ち手が傷みにくい！

帰宅後のバッグはイスの背を指定席に

帰宅後のバッグを床に放置しないよう、**ダイニングテーブルのイスにS字フックをかけて**おき、バッグの指定席にします。バッグが正面を向くように、S字フックは回転式やねじれタイプを使い分けて。帰宅後でも何かとバッグの中から物を取り出すことが多いので、このポジションがベスト。

これを使おう

ブレにくい

ねじれ

写真：ranan.kyurasu

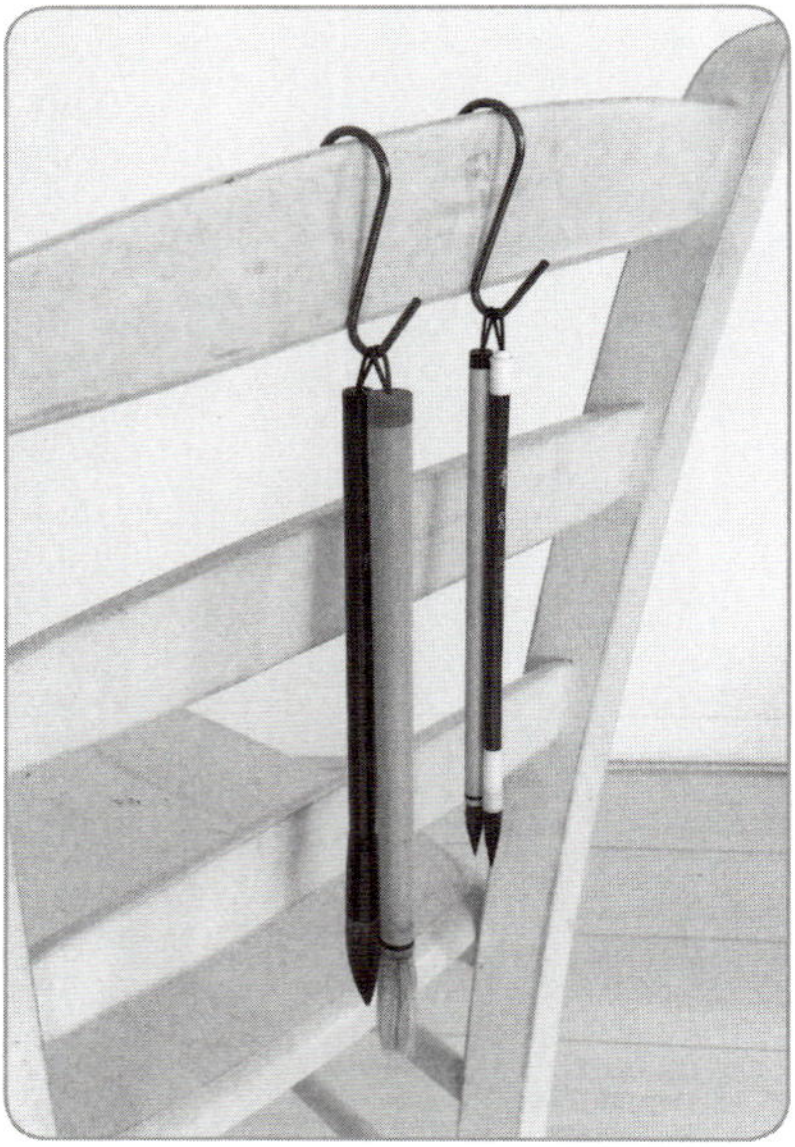

雑巾や新聞紙を
下に敷いておくといいよ

洗った習字の筆の寿命がのびる方法

習字の筆は本来、専用の毛筆かけに吊るしておきたいところですが、代わりに活躍するのがS字フック。冬休みなどで自宅に持ち帰った筆は、水で洗い、水気を切ったら、**イスの背や学習机の横などに吊るして干します。**すると筆の先が割れにくく、かつ墨が根元にたまらないので長持ちしやすくなります。

これを使おう

ベーシック

S

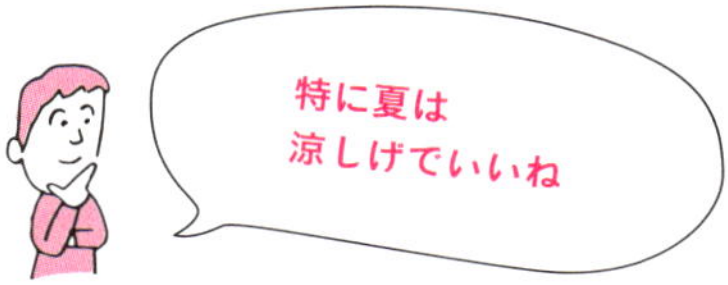

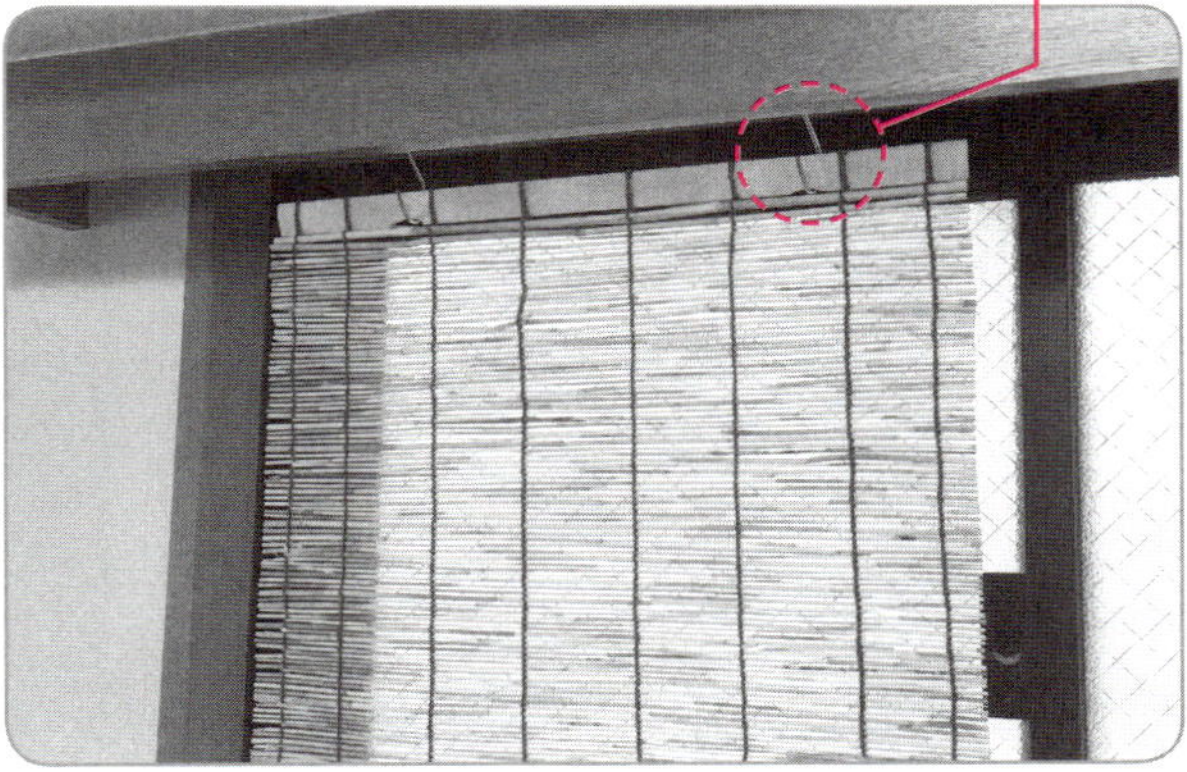

カーテンレールにすだれを取り付けて

すだれは、昔から日本で愛用されてきた伝統的な日除けグッズ。軽いので**カーテンレールなどにS字フックをかければ、簡単に取り付けられます。**物干し竿があれば、ベランダにもすだれを取り付け可能。これだけで和テイストのインテリアに早変わりします。

これを使おう

ベーシック S

ベランダで手軽に吊り下げガーデニング

わずかなスペースでも、S字フックを使えば素敵なベランダガーデニングが楽しめます。ベランダの壁の上から**格子状のフェンスやすのこを設置して、隙間にS字フックを引っかけます。**あとは好みの鉢をディスプレイするだけ。大きさや形の違う鉢などを組み合わせると、より立体的な空間に仕上がります。

これを使おう

ベーシック
S

写真：ch1sat0（RoomClip／Room No.3029779）

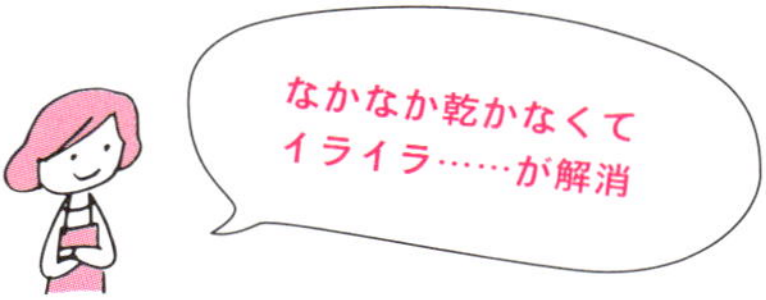
なかなか乾かなくて
イライラ……が解消

ぬれた靴を吊り下げれば乾かす時間が短縮

S字フックが靴を干すハンガーに変身。吊り下げることで風があたり、乾きが早くなります。**ブレにくいタイプなら、より靴が落ちにくいので安心**です。この方法はアウトドアでも活躍。キャンプで川遊びをした子どもが靴をぬらしても、ロープを張って吊るすことができます。

これを使おう

ブレにくい

スマホが落ちて赤ちゃんに
当たらないよう位置に注意

ベビーベッドで活躍！簡易スマホスタンド

ベビーベッドに**S字フックを2つ引っかけて、スマホスタンド**にできます。自分一人の時でも、おむつ替えの様子などを動画で記録したり、手が離せない時にスピーカー機能で通話したりできます。赤ちゃんを寝かしつけるため、**アプリで赤ちゃんが安心する音を流しても**いいでしょう。

これを使おう

ベーシック
S

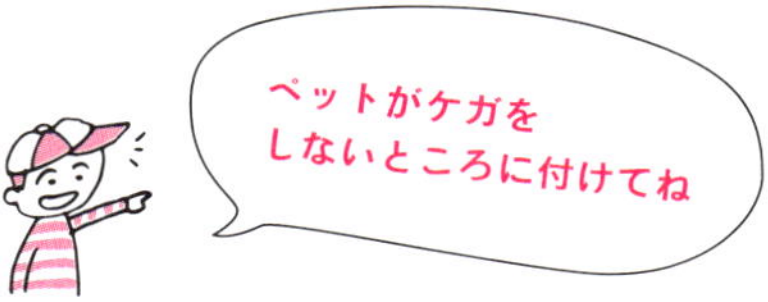
ペットがケガを
しないところに付けてね

ペット用のケージ内にロフトを手作りする

ハムスターやウサギなどが住むケージに、お手製のロフトを取り付ける方法です。まず、ミニサイズのワイヤーネットを、結束バンドでケージに取り付けます。それだけでは不安定なので、**結束バンドが使えない部分はS字フックで補強。**新たなスペースにはハウスやおもちゃを置いてみましょう。

これを使おう

セミロング

ロング

S字フック
＋
more

＼ グラグラにさようなら ／

S字フック固定術

ヘアゴム・輪ゴムを巻く

S字フックに輪ゴムやヘアゴムを通し、ポールとからめて固定。ベーシックタイプでもブレにくいタイプでも固定できます。（写真右下：maya）

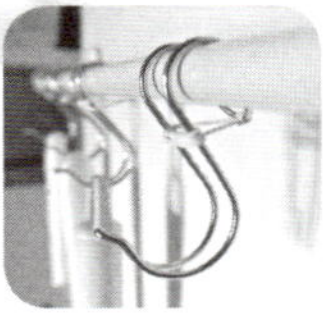

マステをペタッ

S字フックをかけ、上からマスキングテープやガムテームを貼ります。さらにテープの端を押さえるようにテープを追加で貼って補強。

結束バンドでギュッと

結束バンド1本でポールと平行に固定でき、2本を交差させるとポールと垂直に固定できます。

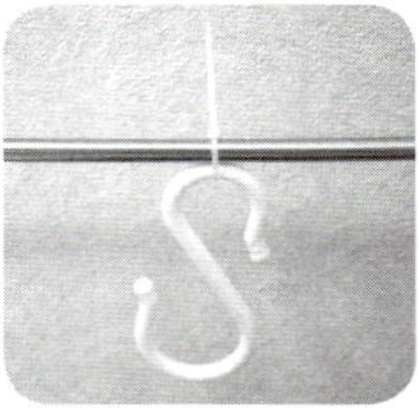

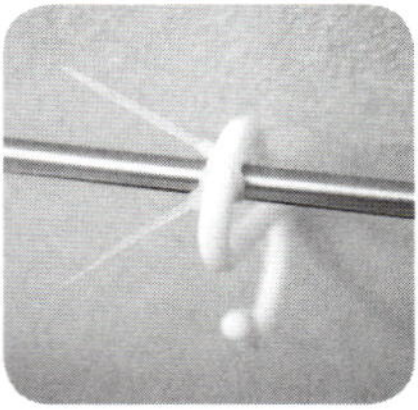

番外編

2

収納だけじゃない

屋外での S字フック活用術

より快適

一時置き

お手軽 DIY

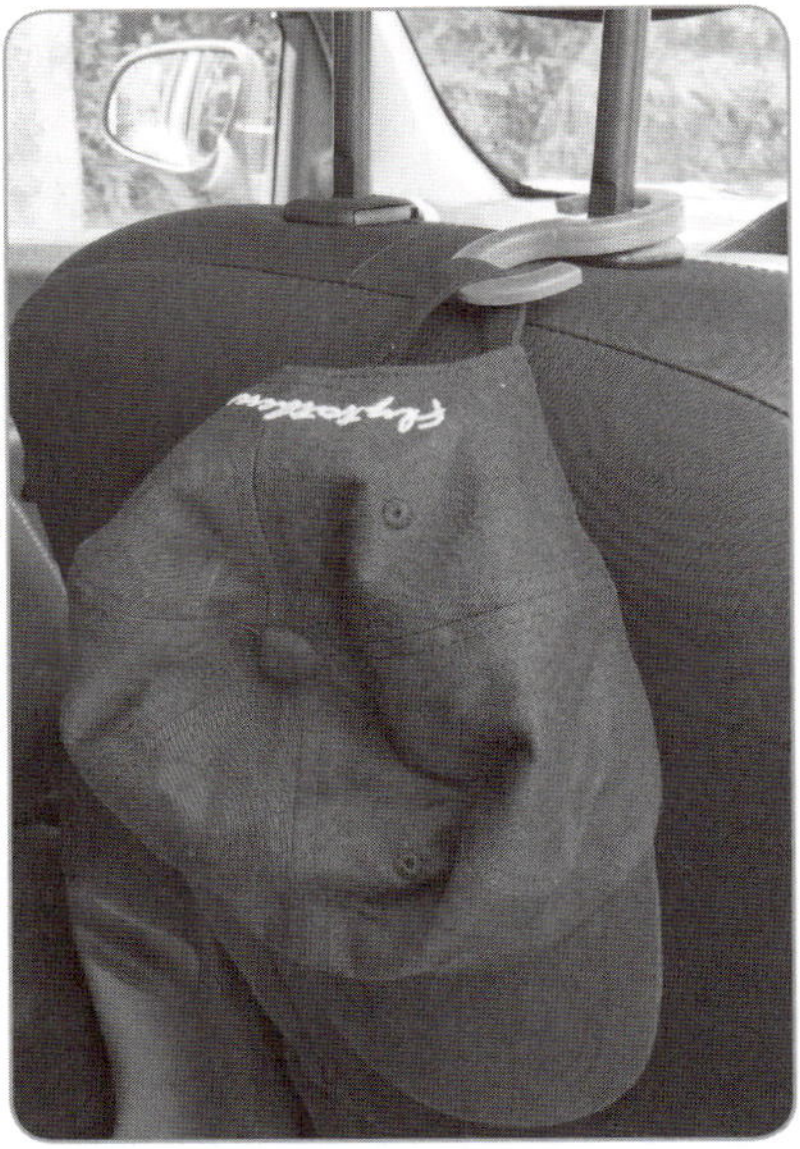

S字フックを使えば車内に荷物かけが作れる

車の**ヘッドレストにS字フックを取り付け**れば、帽子やペットボトルホルダー、買い物袋などがかけられて便利。シートの上や足元で邪魔になっていたものがスッキリします。無印良品の「トラベルS字フック」なら、使わない時に、折りたたんでリング状にできるので、車内でなくすこともありません。

これを使おう

ベーシック S

写真：清水幸子

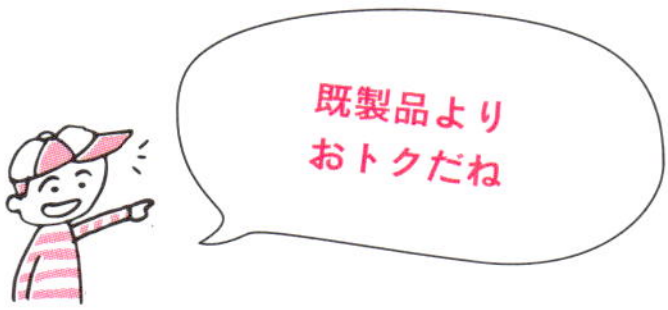

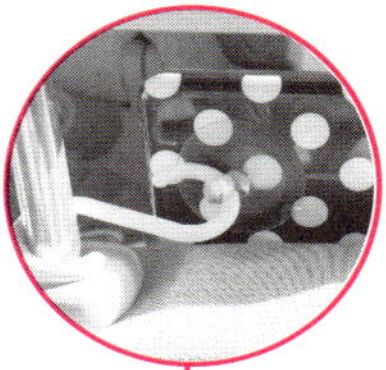

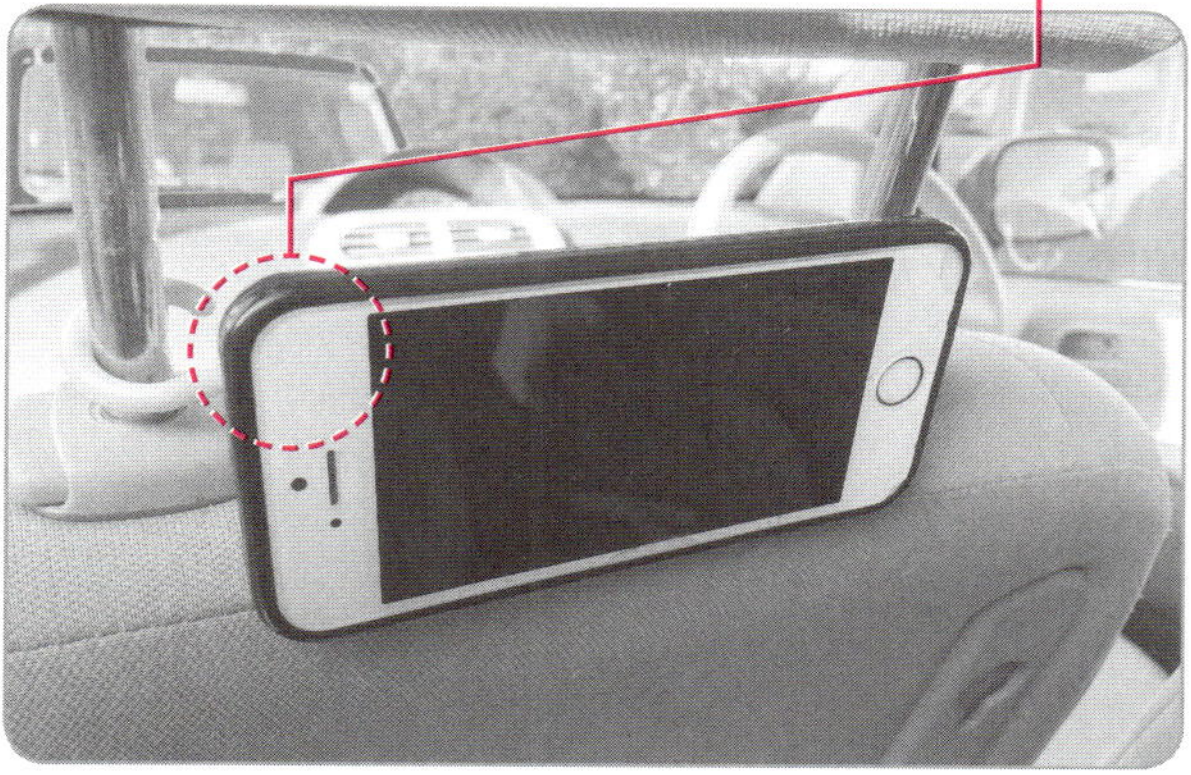

専用スタンドを使わず後部座席にスマホを固定

スマートフォンは長距離ドライブで後部座席の子どもたちに、飽きずに座ってもらえるアイテムです。でも専用のスマホホルダーはちょっと高い。そこで役立つのが、S字フックを使った簡易バージョン。ヘッドレストに**S字フックをかけ、反対側に吸盤を通したら、吸盤にスマホをくっつける**だけです。

これを使おう

ベーシック S

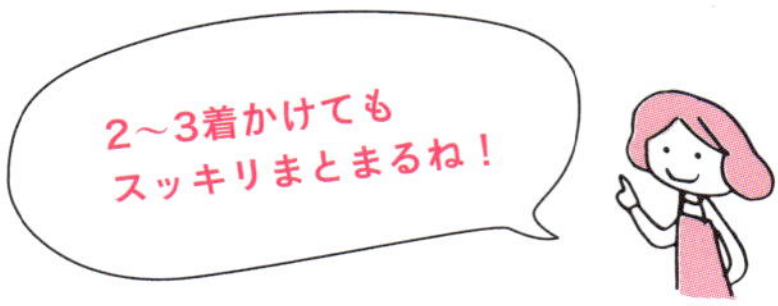

車内でのハンガー使用は S字フックを媒介に

ジャケットやシャツなど、シワを付けたくない衣類を車で運ぶ時は、洋服をハンガーにかけ、アシストグリップから吊るすという方法があります。しかしそのままではハンガーの収まりが悪いことがあります。そんな時は**S字フックを使う**と、ハンガーがスッキリかけられます。

これを使おう

ベーシック
S

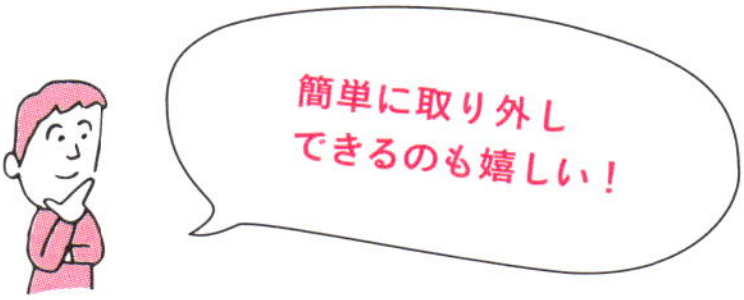
簡単に取り外しできるのも嬉しい！

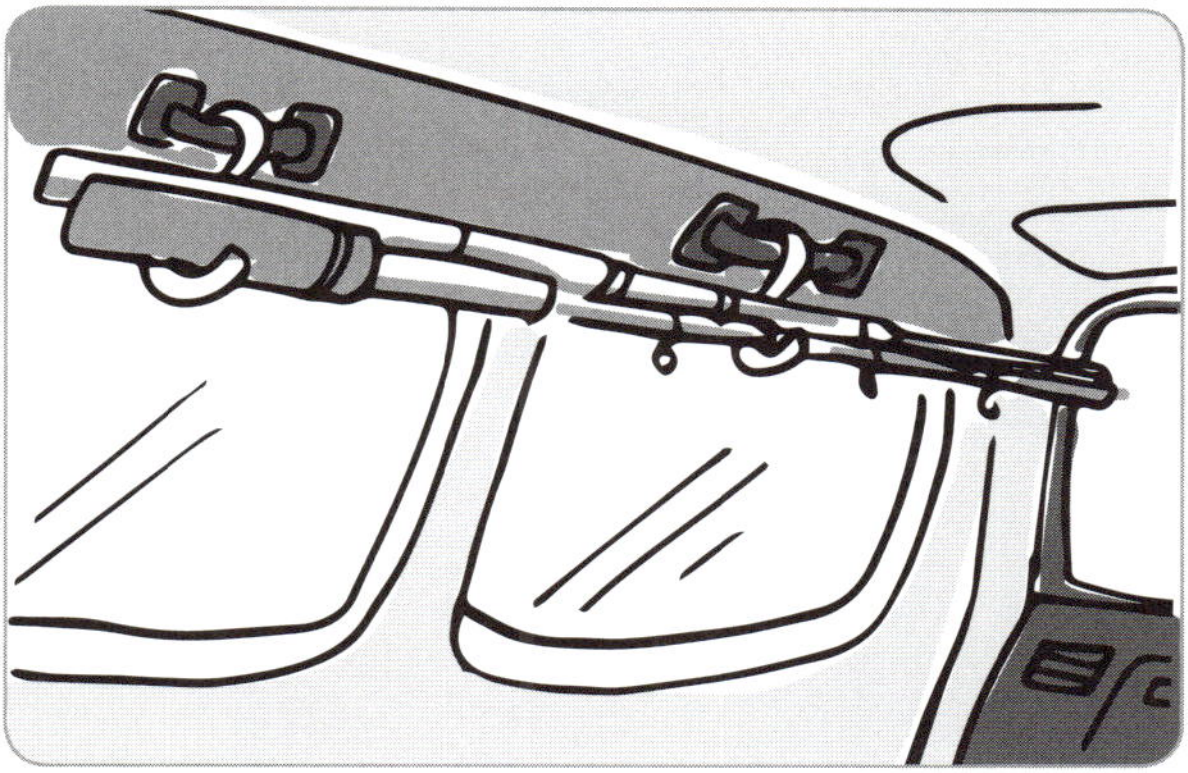

積み込みに困る釣り竿もスッキリ置けて車内広々

長くて置き場に困る釣り竿がスッキリ収まります。**車内前方と後方のアシストグリップに少し長めのS字フックをかけ、その上に釣り竿を乗せればOK。**車が動いても落下しないように、下からゴムバンドを通して固定するとより安心です。既製品は何千円とするので、代用できたらお財布にも優しいですね。

これを使おう

セミロング

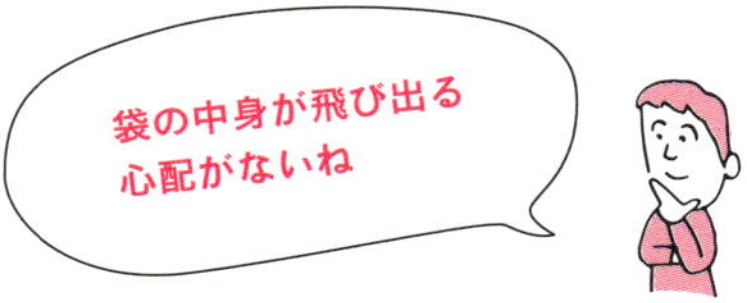

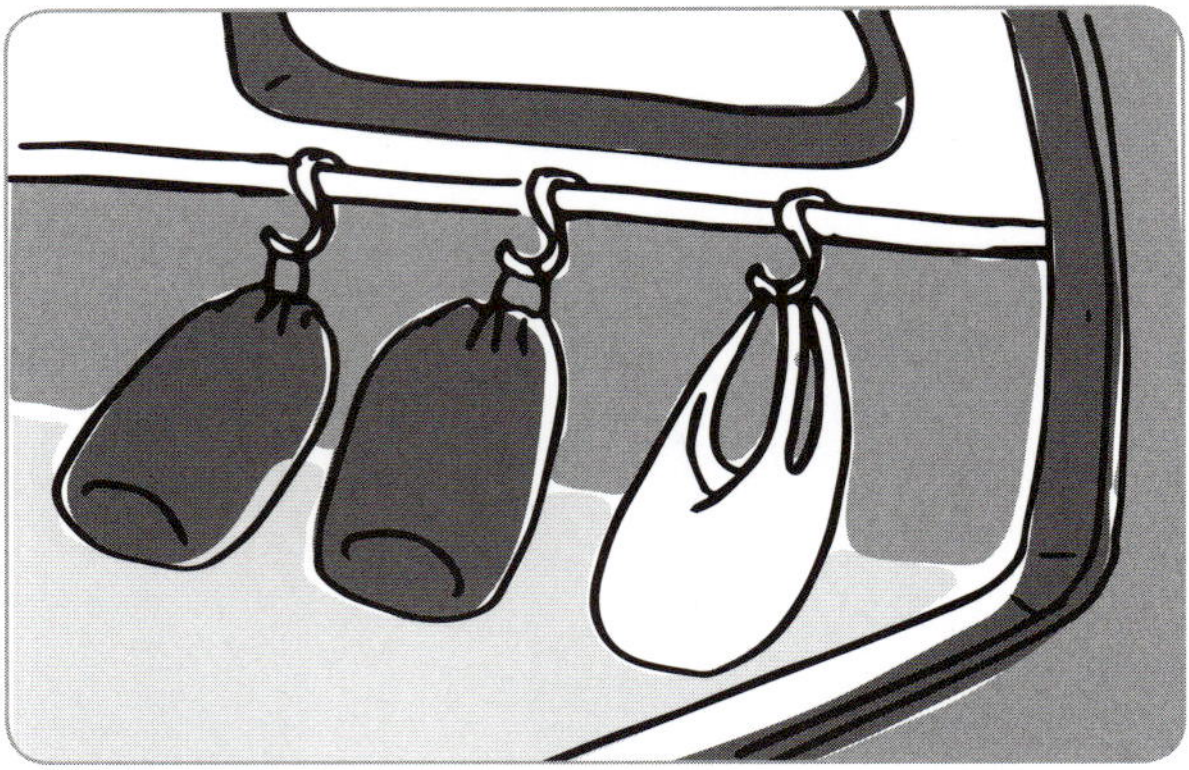

トランク内での荷物転がりを防止

キャンプや大量に買い物をした時などに使える方法。車のトランクに置いた荷物は、どうしても走行時にコロコロと転がったり、倒れてしまいがちです。車内にポールやバーを取り付けて、そこに**S字フックで荷物をつないでおけば、**転がり防止になります。荷物が多い時の車内整理にも役立ちます。

これを使おう

ベーシック
S

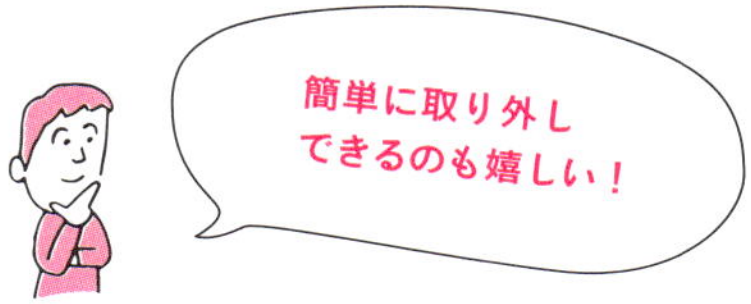

新幹線の座席でもフックひとつで荷物かけに

長い時間を過ごす、新幹線の座席。荷物をかけるフックがない時、バッグやおみやげの袋をひざの上に抱えたままでは、疲れてしまいます。かといって、床に置くのは嫌だし、荷物棚に置くと取りづらいうえに忘れてしまいそう。**座席前のテーブルにS字フックを引っかければ、**即席で荷物かけが完成します。

これを使おう

ベーシック
S

大きい荷物と小さい荷物は ひとつにまとめて移動

スーツケースと手荷物、両方持って移動するのはひと苦労ですよね。トートバッグやリュックなどの手荷物は、スーツケースに吊り下げてしまいましょう。**スーツケースの取っ手の部分にS字フックをかけ、そこに手荷物の持ち手をかけます。**肩が軽くなれば足取りも軽く、旅はもっと楽しくなります。

これを使おう

荷物を床に置かずに済むね

外出先のトイレでも荷物かけが作れる

トイレに入ったら、荷物かけや荷物置きがなくて困った経験はありませんか？　特に海外では、荷物かけ・荷物置きのないトイレが大半。そんな時、S字フックをトイレのドアに引っかければ、簡単に荷物かけの完成です。**ドアは厚みがあるので、ドアかけ用フックか、大きめのフックを選びましょう。**

これを使おう
ドアかけ用
片側が大きい

かさばらないから
持ち運びラクラク

ゴミ袋はS字フックでどこにでもかけられる

キャンプやバーベキューなどでゴミ袋をかける時も、S字フックが活躍します。折りたたみ式フレームや、テーブルの脚、椅子の背もたれなど、**S字フックを引っかけられるところならどこにでも**ゴミ袋を設置することができます。使いやすい場所に取り付けましょう。

これを使おう

ベーシック
S

写真：Takamasa Sasai／笹井孝晶

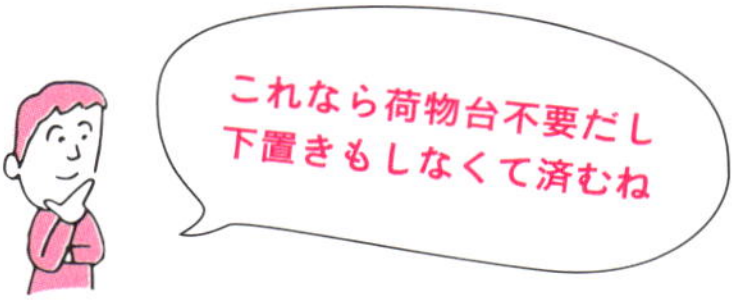
これなら荷物台不要だし
下置きもしなくて済むね

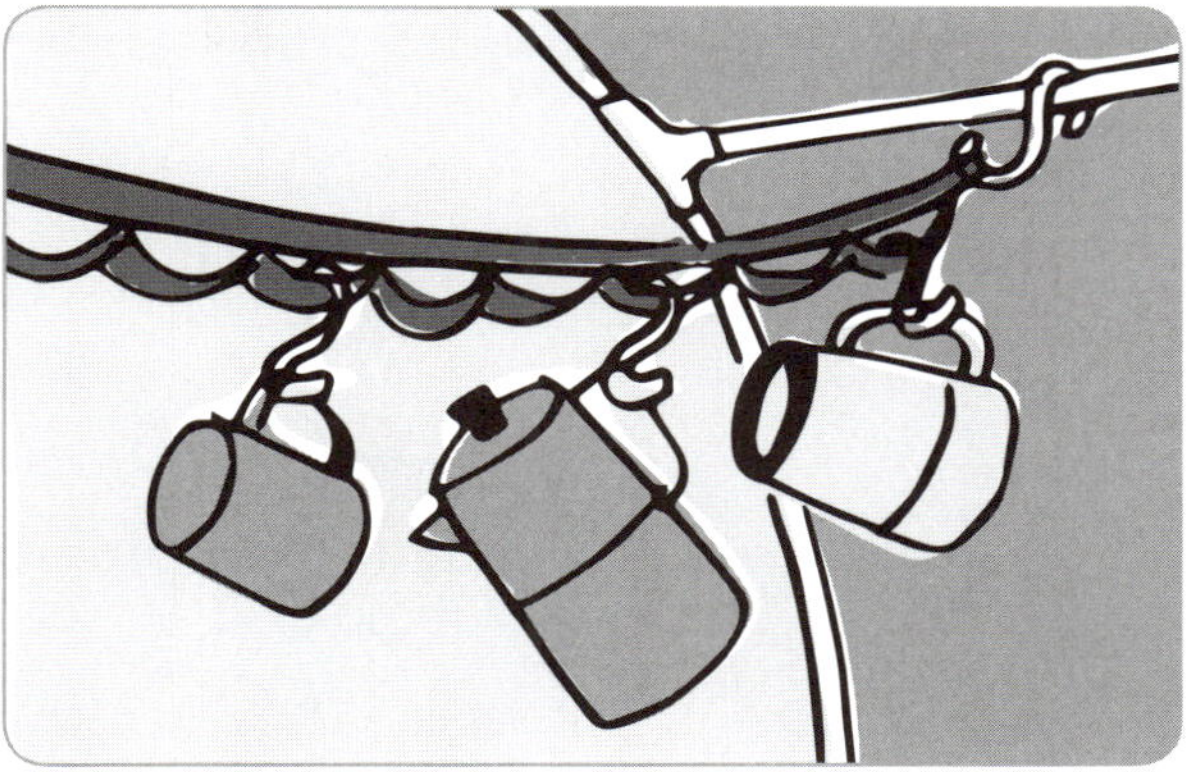

テントやタープの中に よく使うものを吊るす

調理用具やマグカップ、ランタンなど、キャンプでよく使うこまごましたものは、あちこちに持ち出し、置きっぱなしにしがち。迷子にならないように、S字フックを使います。ハンギングチェーンという、ものを吊るすためのチェーンをテントの中やタープなどに張り、**そこにS字フックで吊るしましょう。**

これを使おう

ベーシック
S

人生を自由自在に活動《プレイ》する

青春新書 PLAYBOOKS

人生の活動源として

いま要求される新しい気運は、最も現実的な生々しい時代に吐息する大衆の活力と活動源である。

文明はすべてを合理化し、自主的精神はますます衰退に瀕し、自由は奪われようとしている今日、プレイブックスに課せられた役割と必要は広く新鮮な願いとなろう。

いわゆる知識人にもとめる書物は数多く窺うまでもない。

本刊行は、在来の観念類型を打破し、謂わば現代生活の機能に即する潤滑油として、逞しい生命を吹込もうとするものである。

われわれの現状は、埃りと騒音に紛れ、雑踏に苛まれ、あくせく追われる仕事に、日々の不安は健全な精神生活を妨げる圧迫感となり、まさに現実はストレス症状を呈している。

プレイブックスは、それらすべてのうっ積を吹きとばし、自由闊達な活動力を培養し、勇気と自信を生みだす最も楽しいシリーズたらんことを、われわれは鋭意貫かんとするものである。

―創始者のことば― 小澤和一

［編者紹介］

ホームライフ取材班

「暮らしをもっと楽しく！　もっと便利に！」をモットーに、日々取材を重ねているエキスパート集団。取材の対象は、片づけ、そうじ、料理、防犯など多岐にわたる。その取材力、情報網の広さには定評があり、インターネットではわからない、独自に集めたテクニックや話題を発信し続けている。

S字《エスじ》フックで空中収納《くうちゅうしゅうのう》　青春新書 PLAYBOOKS

2019年 2月10日　第1刷

編　者　ホームライフ取材班《しゅざいはん》

発行者　小澤源太郎

責任編集　株式会社プライム涌光

電話　編集部　03(3203)2850

発行所　東京都新宿区若松町12番1号 〒162-0056　株式会社青春出版社

電話　営業部　03(3207)1916　振替番号　00190-7-98602

印刷・大日本印刷　製本・フォーネット社

ISBN978-4-413-21127-7

青春新書 PLAYBOOKS

人生を自由自在に活動する――プレイブックス

今夜も絶品！
「イワシ缶」おつまみ
きじまりゅうた
お気楽レシピで、
おいしさ新発見！
P-1124

日本人の9割がやっている
残念な健康習慣
ホームライフ取材班［編］
「体にいいと思って」が、
逆効果だった！
P-1125

50代で自分史上最高の
身体になる自重筋トレ
比嘉一雄
スクワット、腕立て、腹筋の
「BIG3」を1日5分でOK！
P-1126

S字フックで空中収納
ホームライフ取材班［編］
もう「置き場」に困らない！
かける・吊るす便利ワザ
100以上のアイデア集。
P-1127

お願い　ページわりの関係からここでは一部の既刊本しか掲載してありません。
折り込みの出版案内もご参考にご覧ください。